天下文化
BELIEVE IN READING

單飛

為夢想

一個台灣女生
上哈佛的成長故事

flying Solo

尤虹文 著

獻給奶奶

在回憶的盡頭，
沒有什麼，比人與人之間的情感來的深邃，
因為我們盡其一生，
用它留下的印痕刻畫我們的靈魂。

——艾茲拉・龐德（Ezra Pound）詩章 LXXVI

我的童年時光，總是充滿鋼琴音樂、童話書本、學習錄音帶，嘻笑玩耍、長輩的呵護疼愛，以及南台灣終年燦爛的陽光。很多年以後我才知道，幸福家庭的背後推手，有奶奶的獨立自主、含辛茹苦；有外公外婆的離鄉背井，打拼奮鬥；還有爸爸媽媽不遺餘力的苦心栽培。

美國，一個全新的世界，很快的天翻地覆向我迎上來，為我十五歲的小小天地帶來巨大的改變。雖然得同時兼顧兩所學校——海瑟威布朗女中和克里夫蘭音樂院的課業，但我希望可以戰勝一切可能的風險，為人生創造出另一番新氣象。

Certificate of Admission to

HARVARD COLLEGE

THIS IS TO CERTIFY THAT

Hung Wen Yu

having qualified in all respects is hereby admitted
as a candidate for the
degree of Bachelor of Arts

哈佛入學證書

Honors in Chemistry

Mimi Yu, a junior at Hathaway Brown
School, scored third in the United States and
Canada on the 2001 Avogadro Exam,
which is designed to measure proficiency in
high school chemistry.

A total of 4,906 students took the exam,
administered to students who have completed
no more than 100 hours of instruction in
chemistry.

Hathaway Brown junior Laura Marx also
scored in the top five-percent of those taking
the exam.

Meanwhile, of 3,452 students taking the
2001 CHEM 13 NEWS Exam, which identifies
high achievers in high school chemistry,
Hathaway Brown School seniors Tory Brooks
and Elina Onitskansky and junior Kana Shiota
all scored in the top five-percent on the test.

All students scoring in the top five-percent
on both tests were awarded T-shirts. ●

WN MAGAZINE

代表學校參加「美加國際亞佛加厥化學比賽」，榮獲第三名

Cum Laude Society Inductions 2003

In ceremonies held Monday, April 21, 14 senior students at
Hathaway Brown School were inducted into the Cum Laude Society
for 2003.

The Cum Laude Society recognizes the superior academic
achievement of students and honors those in the top 20 percent of
their graduating class.

Addressing the inductees and their families was Catherine Herrick
'93, who is now an Associate Professor of 60 Minutes II with CBS
News in New York City.

Faculty members of the Hathaway Brown School Chapter of the
Cum Laude Society include Robbie Appleby, Head of School William
Christ, Terrance Dalton, Kevin Houts-Read, Silvia Kenneweg,
Eileen LaVerde, Lucy Lyth '82, Suzanne McGuire, Veronique
McMillen, Laurette Fayette, Daniel Pierce and Don M. Southard.

The Hathaway Brown School Chapter of the Cum Laude Society
was founded in 1972.

Editor's Note: The following are excerpts from introductions given for each Cum Laude Society
Recipient at the Induction Ceremony. Cum Laude faculty members demonstrate the highest
academic standards, and these excerpts are meant only to briefly encapsulate the 2003 inductees
and their many accomplishments.

HATHAWAY BROWN MAGAZINE

畢業榮譽會員 Cum Laude Society 與
同學合照

Mimi Yu

Her intelligence, talent and unsurpassed work
ethic are all instrumental to her success both
as a student and an
individual. She has
explored the depth of
our most rigorous
courses and is known
for her unrelenting
quest for knowledge.
She has proven herself
to be an excellent
analytical thinker and problem solver in class,
and has performed superbly in nationally and
internationally recognized competitions. ●

成績優異，校刊專文介紹

（攝影／陳若軒）

生命帶給我許多難得的機會：令人稱羨的際遇、圓滿的夢想、表演的機會，但我知道，無論何時，下飛機出關的那一刻，總有爸爸，媽媽和弟弟，站在那裡，展開雙臂，迎接我，回家的大門永遠為我打開。我等了好久才知道，世界上最亮，最溫暖的燈火，不在天涯海角，而在台灣，在我的心裡。

CONTENTS
目錄

第一部

帶著勇氣與
希望,出發

尤虹文的燦爛天空
—讓「夢想單飛」變成年輕人的關鍵詞

● ● ●

高希均

高雄的新興國中與劍橋的哈佛，有太平洋的阻隔。尤虹文，十五歲的國中女生，要以天賦、決心，「為夢想單飛」來跨越。十年後的她，進入了頂尖的哈佛與茱莉亞，已為自己大提琴的音樂世界，在西方與東方，開拓了一片燦爛的天空。

（一）哈佛畢業頒獎典禮中的演出

二〇〇八年六月五日的晚上，哈佛校園裡的安納堡廳燈光輝煌，三百五十七屆畢業活動頒獎典禮中，校長、董事、各界名流，及十位榮譽博士得獎者，都匯聚在這裡。典禮中有一個重要的音樂演奏節目。

燈光漸暗，瞬間鴉雀無聲，一位修長優雅的東方女孩 —— 在眾目注視下，自信地展開了大提琴的演奏。

她就是尤虹文（Mimi Yu）——哈佛經濟系的應屆優等畢業生，更是多次獲得國際大獎的大提琴音樂家。她來自台灣的高雄，她的雙親第一次來到哈佛，正坐在包廂貴賓席上。他們難以置信地遠遠看著這個八年前離家的國中女兒，此刻正在頂峰學府隆重典禮的殿堂中，做出色的演出。

對虹文講，一切的榮耀歸於父母，「我的家永遠在台灣」；對雙親講，一切的成就來自女兒從不放棄的努力。

這是一個來自南台灣中產家庭的燦爛故事，祇有這種年輕奮發上進的故事，才能改變台灣年輕一代的沉悶與頹喪。

（二）南台灣的傳奇

在全球經濟衰退中，世界各國「年輕人」（十六歲－廿四歲）的失業率通常是「全國」失業率的二倍以上。近月來年輕人失業率在台灣近12%，美國16%，英國21%。希臘與西班牙已高達51%，這樣可怕的高失業率，正反映出二國總體經濟的崩潰。

當經濟成長恢復正常時，年青人的失業就會更直接反

映出的是個人條件的不足：如自己的專長、學科成績、成就動機、個性和態度等。

台灣的年輕一代正陷入迷惘。在自由、民主、多元的大環境下，本可做海闊天空的選擇，攀登生命高峰；可惜多數年輕人選擇了一條少風險、少吃苦、少打拚的路。

半世紀前台灣貧窮時代的留學潮與創業潮，已經嚴重地消失了。

就在這種生命力虛耗，豪氣萬丈欠缺的年代，南台灣出現了一個動人的傳奇。

讓我先簡述這位高雄出生的女孩 —— 尤虹文。她十五歲時赴美學琴與讀書，十年奮鬥，已經譜出了生命中精彩的前奏曲。

她來自一個中等家庭，父親是公務員，母親是國中家政老師。當她就讀於高雄新興國中音樂班時，就連獲二屆全國大提琴冠軍。二〇〇一年國中畢業，得到了美國克里夫蘭音樂院提供的獎學金，同時也在另一所海瑟威布朗女中讀一般高中課程。三年之中，這個小留學生每天往返於二個學校，熬過重重考驗，展現了

聰慧敏捷及堅強的意志。高三上學期下定決心，申請哈佛。次年春天先後取得哈佛的入學許可及獎學金。在哈佛以優異成績取得經濟學士，被《哈佛紅報》評選為「傑出十五大藝術家」。二年後又在頂尖的茱莉亞音樂學院修畢碩士，並且擔任了茱莉亞交響樂團大提琴首席。此刻她已是世界樂壇上一顆廣受讚賞的新星。虹文變成了極少數受過嚴格經濟學訓練的音樂家。這種理性與感性，冷靜與熱情的結合，是否會激發出更多演奏的火花？

虹文已經多次和小提琴天王帕爾曼及大提琴家馬友友合作演出，她演出的場所包括了卡內基廳、紐約九一一雙子星遺址、紐約林肯中心等。《紐約時報》讚譽她「飛揚的大提琴家」，《波士頓環球報》評為「最完美的大提琴演出」，另有評論以「女版馬友友」稱讚她。

(三)「單飛追夢想」

近年來我提倡「閱讀救自己」，在我所認識而又尊敬的朋友中如于宗先、孫震、郭為藩、曾志朗，都是最好的典範。尤虹文寫的第一本書名使我產生了另一個聯想：「單飛追夢想」。Flying Solo是她取的英文書名，

生動貼切。

在萬里無雲的天空中遨遊，在雪雨交加的風暴中飛行，想一想「單飛」的浪漫與冒險，「單飛」的自由與掙扎、「單飛」的成就與代價！這本書記錄了一位十五歲的南部姑娘，十年單飛的奮鬥故事。

這是虹文用中文寫的第一本書，國中畢業的她，展現了她的中文根底及雙親對使用中文的培育；她再以所受過的西方人文思維，寫出了一本充滿感染力的「一個台灣女生上哈佛的成長故事」。

書中，她描述那段小留學生離家奮鬥的心情：「每逢感恩節、耶誕節，每個同學、朋友，都有自己的家，……就會特別想台灣，想爸爸、媽媽、弟弟、奶奶。」「安靜的深夜裡，有風聲、雪聲、伴隨著我的讀書聲。」（頁67）。

在頁153，虹文更有刻骨銘心的坦述：「在音樂領域裡跌得鼻青臉腫，讓我不知所措；入學預備考試PSAT看不懂，讓我不知所措；沒有父母參加的家長會，讓我不知所措……沒有人能送我一本《從零開始的人生手冊》來引導我每一個步驟！……只能拼命努力！」在這不

知所措的時刻，她最記得的是遠在高雄母親的勉勵：「化思念為力量。」正就是這股力量一直推著她前進。天下沒有垂手可得的成功，成功的背後一定有代價。

虹文是一位早熟的女孩，比同年齡的想得多，看得遠，做得好。

虹文是一位成熟的女孩，有計劃，有方法，有決心。

虹文是一位智慧的女孩，一步步地在實現她的夢想與理想。

（四）沒有「代溝」的思維

二百頁的書中，她的很多思維與我十分接近，相差半個世紀的年歲，竟然跨越了「代溝」。讓我摘錄虹文的一些看法：

- 多讀經典，只讀經典。要學，就要學最好。

- 看不懂的好文章照看，再看，不輕言放棄。

- 我擰乾眼淚，再一次把琴拿起來，如烏龜賽跑，一步步向前爬。

- 嚴師才能出高徒，沒有老師當年的嚴厲，就沒有今天的我。

- 哈佛每年提供獎學金，本國和外國學生一視同仁。

- 哈佛總圖書館側門頂端：「進門吧，你的智慧即將增長」。

- 「英文，讓我與世界接軌。」

- 「別忘了你的根，你的文化」（母親的話）

- 我該怎麼做？一切靠自己。

（五）「如果虹文做到，你也可以」

經由嚴長壽先生的公益平台的安排，她去了台東書屋，遇到一個小女孩偷偷地說：好想好想當音樂老師。「我希望可以輕輕地告訴她：我也好想好想幫助她，陪她走這麼一段人生追夢的路途。」

去過了台東、苗栗、和屏東的山地鄉，她發現自己愛台灣這片土地的心，從未改變。虹文在「後記」中寫

著：「我的故事，有沒有一點點可能帶給當地台灣的孩子啟發和鼓勵？」

我要說：虹文「為夢想單飛」的故事，一定會，也一定能，使台灣年輕一代受到感動，受到激勵。

當前年輕人最缺的不是訓他們的教條，而是範例（role model）。虹文正是一個活生生的故事，她所經歷的各種遭遇貫穿全書：跌倒時沒有人扶持；流淚時沒有人幫你擦乾；孤獨奮鬥時不知所措；受到委曲時無人安慰；懷疑自己時，也動搖過。當很多人可能早已放棄時，虹文克服了所有這些學習中的低潮。她相信：自助人助，往高處努力（aiming high），思索前進，持續前進。

虹文的母親有一段重要的話勉勵年輕人：「即使前面有再高的山擋路，如果虹文做到了，那麼你也可以的。」

讓「你也可以」，「為夢想單飛」變成年輕一代的新關鍵詞。

（本文作者為遠見・天下文化事業群創辦人）

激勵人心的一本好書

● ● ●

帕爾曼　Itzhak Perlman

在這本動人的書裡，我們看到的是一個離家千萬哩，勇敢聰慧的孩子，在全新、陌生的環境，如何克服萬難，奮戰不懈。虹文的故事，讓我想要一直讀下去，因為她是如此努力的克服恐懼、不安等種種阻礙，蛻變成為一位傑出的音樂家和才華洋溢的作家。本書相當具有啟發性，值得一讀。

（本文作者為小提琴天王）

看到台灣孩子
「愛拚才會贏」的精神

● ● ●

林知延

虹文在哈佛大學四年中不僅專研經濟，受教於美國前財長和校長桑默斯的高徒安德魯‧施萊佛（Andrei Shleifer）教授；在音樂領域的耕耘更辛勤，大提琴琴藝精益求精，臻於純熟，年紀輕輕就成為母校大提琴家之中，台灣的唯一代表。

2010年，她加入哈佛台灣校友會為會員，用心參與校友會和母校的活動；記得去年底我們初次在台北亞都麗緻酒店見面，我很訝異我們竟然除了英語之外還能夠兼用國語和台語交談。

我曾以過來人的身分建議她：「出國那麼久，一定要試著待在台灣至少一年。台灣，這麼好的地方，只要能適應第一年，心就可以留下來。」

我不知道她有沒有照我說的話做，出乎意料之外的是，她用自己的方式寫了這本書，讓她的心聲透過文字和孕育她的土地「台灣」緊密相連。

這本書記錄了她在美國最初三年的點滴歲月，娓娓道出所有小留學生的異鄉心聲。從這本書中，我們看到了台灣孩子「愛拚才會贏」的精神；願這本書能夠給台灣關心教育的父母和成長中的莘莘學子，開啟一扇深入美國教育精髓的窗口，點亮登入世界殿堂的一道新火炬。

（本文作者為哈佛大學校友會會長）

客居異鄉的美好相遇

● ● ●

馬元中

我的朋友虹文（Mimi）要出書了，邀請我替她寫推薦序。「就寫『你眼中的 Mimi』吧。」她說。我當然樂意之至。

二〇一〇年的夏天，我剛結束了兩個星期的工作和旅行，從燠燥的歐洲回到蒸溽的紐約。才調好時差，大朋友明維來信，找我和另外幾個紐約的朋友們一起到他家吃炸醬麵。明維廚藝絕佳，一吆喝，我們這群固定班底就紛紛帶著酒與甜點集合完畢。

暑假，企劃總是接踵而至的我們，步調也跟著全世界人的休假而稍稍放慢。很難得的，我準時下班了。

一進門，聽見明維在廚房裡跟已經到的客人在聊天。「這是祖浩的妹妹維倫。」明維介紹。之前祖浩提過他

妹妹要到紐約工作一年，在我出差期間，維倫已經加入了我們的陣容。「今天還有一個新朋友要來，我也沒見過。她是拉大提琴的。」

我和維倫同時問：「你也沒見過？那怎麼認識的？」

「她其實可能可以算是我的粉絲，她寫email給我，說想和我談一談，所以我就說，你有沒有空，要不要來吃飯。」

門鈴響了。沒多久，明維領著一個瘦瘦高高的短髮戴眼鏡的女孩走進來。「這是Mimi。」

「我媽媽最近讀了很多有關明維作品的報導，就打電話告訴我，說我應該去看看明維的網站，了解一下人家這麼厲害是怎麼做到的。所以我就寫信給明維了。」

英文有一個來自波斯語的美麗的字，serendipity，機緣巧合。因為一連串的機緣巧合，我們非常 serendipitous 地成了朋友，在紐約這樣一個大城市。

和Mimi認識不超過十分鐘，就能感覺到她是個外向但又很內斂的人。初見面，她就告訴我們最近和航空公司在電話上周旋時發生的笑話：「因為我的大提琴也要坐一個位子，但機票一定要有名有姓，所以我就說，

一張是Mimi Yu，另一張是Cello Yu。結果對方非常認真地問我，『這位Cello Yu是先生還是小姐？』」

她總是活潑開朗，凡事直率面對。隻身離鄉背井超過十年，有時候她的天真爛漫又使我吃驚，再怎麼微不足道的小事，說給她聽之後，都會變得有趣百倍。但是在這樣的外表底下，她是沉靜的，用她的方式去捕捉和表現每一個瞬間。

我們曾經在飯館裡，一邊吃小菜，一邊討論怎麼樣結合她的音樂世界和我的視覺世界，一邊在我寸步不離身的筆記本上塗塗畫畫：這邊這樣，那裡那樣。然後，我們要去哪裡申請補助，場地的問題呢……總有一天，要付諸實現。

現在，Mimi要把她的成長和體會寫給大家。我也很期待，她的所聞所思是不是會和同樣少年離家的我相仿呢？像我們這樣子為了現實和理想努力，覺得自己代表從小居住生長的土地，期許自己以客居之姿嶄露頭角。

恭喜Mimi。我們一起加油。

（本文作者為藝術家）

音符背後的故事

● ● ●

劉　軒

認識Mimi不算很久，但我覺得彼此已是深交，一來她是我哈佛學妹，二來也是茱莉亞音樂院的校友，我們之間有不少共同的記憶可聊。而且，Mimi讓我想起許多認識的小留學生：彬彬有禮、積極進取，但也有一種長期在國外獨自生活所鍛煉出來的韌性。

而這也只是表面。背井離鄉的辛酸、文化的衝突、沒有家庭安全網的狀態下尋找自己......在Mimi喜氣洋洋的談笑中，看不到舊傷，但這是每個小留學生都得面對的課題。每個人的狀態不同，出路也不同。我和Mimi不曾聊過這些，但閱讀她的這本書，還是心有戚戚焉。

有些家長認為，孩子出國念書，只要功課好就沒問題。但即使是光鮮亮麗的名校，也有黑暗之處，有時

甚至因為學校光環太大，蓋過了個人內心的燭光，被吹熄了也難以察覺。我所認識的名校學生，曾經叛逆迷失的大有人在。我甚至懷疑，八成要經過了這個過程，才能搞清楚自己是誰，才知道在家庭、社會和文化中該站在哪裡。

Mimi是個成功的例子。這不僅因環境塑造，也靠自己苦修。環境就像一把好琴，讓人更容易練出悅耳的音色，但如何在正確的音符中注入靈魂，讓琴為之歌誦，除了高度的技巧，更需深度的自省。最終，過去的歡樂悲傷才是音樂的能量，心坎才是真正的共鳴器。

每次與Mimi見面都談笑甚歡，而今在她的新書裡，我看到了音符背後的故事。她的音樂就是文字最好的伴奏，她的文字就是音樂的最佳注解，兩者相輔相成，譜出的雙部合音，值得回味。

（本文作者為作家、音樂人）

媽媽的話

● ● ●

為了參加虹文哈佛大學的畢業典禮，我們從台灣飛了
三十個小時到達波士頓。飛機誤點了三個小時，她一
直等在波士頓羅根機場，準備迎接我們。一見到她，
突然恍惚覺得，她燦爛的笑容跟小時候一模一樣。想
當年，我也是滿心歡喜地迎接她的到來。

一九八四年年底，當了兩、三年國中家政老師的我，
正用心準備迎接新生命。抱著軟軟的她，餵奶、換尿
片、洗澡……，真是手足無措外加神經緊繃。多少個
夜晚，面對該做的都做了、仍然啼哭不止的小嬰兒，
當下真希望能將她再塞回肚子裡。

虹文的奶奶來幫我做月子，之前她帶過四個小孩和一
個孫女（虹文的堂姊）。她認為扁頭比較漂亮，堅持小
嬰兒要平躺，初為人母，我在這件事上並沒有太多意

見，認為健康最重要，管她圓頭還是扁頭。滿月後的某一天，婆婆忽然說：「哎呀，好像睡太扁了！」我才驚覺到小嬰兒的後腦杓像牆壁一樣平，趕快問婆婆還來得及嗎？直到虹文念小學時，我曾技巧地告訴她：「圓頭好看，扁頭有人緣。」

我們常玩自己發明的遊戲，造飛機、大腳大；加上《嬰幼兒益智遊戲》書中各項遊戲：照鏡子（認識五官）、媽咪在哪裡（物體恆存）……。我們一起看童書《小黑捉迷藏》、《小鴨鴨的朋友》……。一起唱兒歌：秀才秀才騎馬弄弄來、城門城門幾丈高…又跳又唱兼比手畫腳。一起吟誦唐詩：紅豆生南國、千山鳥飛絕、誰知盤中飧……。

大學同學曾經告訴我，高雄有所以蒙特梭利教育為主軸，採混齡教學的幼稚園。當虹文兩歲左右，我去拜訪負責教學規劃的吳修女，她說：「嬰幼兒期（零至六歲）蒙特梭利稱之為『吸收性心智』（absorbent mind）。孩子就像海綿一樣，吸收外界給他的訊息。兒童吸收進去的東西，或沉潛很久，並且在往後的生命經驗中展現出來。在幼稚園裡，孩子將接受各式各樣多元化的刺激。」

我又問：「虹文個頭高，不知該不該提早接受小學教育？」吳修女說：「兒童時期是人生最快樂的時期，多一年讓基礎更穩比較好，若是資賦優異往後再跳級也不遲。何況所謂「資賦優異」多是智力發展部分，其他如人格發展、社會行為發展並沒有相對成長，不必操之過急。」吳修女的教學熱誠讓我感動，幾個月後，虹文成為小熊班（幼幼班）的一員。

小學五年級時，虹文參加比賽成績不理想，賽後全家到餐廳用餐，大家都下車進入餐廳，唯獨她待在車上哭個不停，最後是她爸爸說：「你哭吧，但你不可能一直哭上一個小時或更久，總要停的，既然遲早要停，何不現在就停止哭，大家一起吃飯，免得待會吃冷的！」虹文好像頓悟一般，立即破涕下車，宛若沒事。

國一時，虹文學術科均優，但是課業壓力非常大。我內心憂愁卻無能為力。正巧坊間出了一本《成長戰爭》，內容敘述一位母親倡導自學教育。我誠懇地和虹文溝通，告訴她，爸爸媽媽沒有這種本事讓她自學，希望她還是留在正規的教育體制內接受挑戰，早熟的她認真地點點頭。

我常提醒她，上英文課時要認真，不可以自認為英文

好就態度不佳，那是最要不得的。事後她告訴我，自己和老師溝通，當她把學校「音聽」背完，是不是可以讀自己的英文書籍？開明的國中英文老師欣然同意。同時推薦她代表學校參加高雄市政府舉辦的英語演講比賽。

她每天在浴室對著鏡子練習發音、語調，比賽完當天下午我接她時，她要求去看成績，我本來不答應，但是熬不過她的央求。一路上我默默祈禱，只要榜上有名就好，我不希望待會兒回家的氣氛是沉重到沒法呼吸。她上車時開心地告訴我她是第一名！

我和她爸爸當然希望她上完大學再去美國深造，但是台灣老師先前的建議：「要就早一點去！」一直縈繞在我們心中。直到獲悉美國俄亥俄州的克里夫蘭音樂院預備部能夠兼顧學業時，就決定讓她十五歲時出國就讀，但我心裡萬般不捨，也擔心以後該怎麼助她一臂之力？

一去十來年，孩子想家很苦，父母心中更苦。虹文爸爸常常安慰我說：「這不就像我當年從南部鄉下到台北念書嘛，一年半載才得返家一趟。」我常常睡覺一翻身，就以為自己到了美國在女兒身邊。第一次試著用

skype 說話，虹文的奶奶驚奇地說，虹文這麼遠，怎麼在電腦螢幕裡出現了？可以摸得到她嗎？

虹文出國第二年的寒假，回來跟我們短暫相聚；要回美國時，航空公司更改班機，我試著讓虹文獨自在櫃檯前交涉，所有能想到的各種問題她都想到了；那年她才十六歲。

她爸爸說：「放手是對的，我們要尊重孩子的決定。孩子雖然走一條艱辛的路，但是回顧這一路上也幸運地遇到許多貴人。她看到的、學到的，是值得的。」

去年，電視上正轉播關於哈佛大學的報導，虹文的爸爸突然轉過頭來跟我說，我們是這麼平凡的家，我們兩個何德何能竟然也可以送女兒到哈佛念書。他臉上的表情參雜著說不出來的安慰、一絲絲的暗自欣喜，還有更多的謙卑和感恩。

一直以來，我們只希望能夠當女兒背後的推手、抱琴的書僮，從來不曾預期她可以出國，更沒有想到，她會申請上名校哈佛。當虹文願意自己寫書，分享她的心路歷程時，她的爸爸和我心中都非常訝異，也感動莫名。

因為，她的故事不同於任何坊間的哈佛教養參考書；她的經驗不僅可以成為台灣孩子申請名校的另外一面鏡子，更希望藉由她的分享，讓大朋友、小朋友知道：虹文曾經鋼琴成績最低、手受傷不能練習、PSAT分數只有同學的一半、大提琴老師不看好她……。剛到美國，她不是明星學生，沒有家世背景，又是台灣來的局外人，沒有任何條件值得哈佛大學的青睞。她什麼都沒有，有的只是多一點的努力，等久一點的恆心，還有，永遠不放棄的毅力。

虹文憑自己的實力幸運進入哈佛。她的故事，讓我們做父母的也受到激勵。即使前面有再高的山擋路，如果虹文做到了，那麼，你也可以的。

前言

● ● ○

二〇〇八年六月，座落哈佛校園北邊紀念館的安納堡廳今夜燈火通明。高聳的尖塔，羅斯金歌德式大廳，澎湃宏偉的紀念館裡，人人不只為獨創的建築而讚歎。

哈佛大學三百五十七屆畢業典禮系列活動中最榮耀的一刻 —— 榮譽博士學位的頒贈慶典儀式，即將開始。

早在幾個月前，正當我為了哈佛畢業考處在水深火熱當中時，哈佛大學的藝術總監特別來找我。他開門見山，希望我能夠在頒贈典禮上擔綱演出。我嚇了一跳，這是極大的殊榮，一般大學部畢業生，不會受邀參加榮譽博士專屬的特殊儀式。

總監聽過我校內外的演奏無數次，對我深具信心。他告訴我可以自行選擇曲目，學校方面會全力配合。儘管忐忑不安，最後我還是答應接下這個重責大任：我

將以二〇〇八年畢業音樂家的代表身分，為哈佛校長、董事、貴賓、授獎人，以及世界知名的菁英學者，演奏大提琴。

當天，會場大廳布置得碧麗輝煌，嘉賓雲集。男士西裝畢挺，風度翩翩，女士穿著正式晚禮服，高雅華麗。

舞台上，《哈利波特》的作者JK羅琳穿著典雅的黑色小洋裝，臉上一抹淡淡的微笑；阿加汗親王殿下，舉世聞名的科學家、藝術學者、歷史學家和大法官；美國第一政治家族成員愛德華甘迺迪，也是受獎人之一。

環顧全場，即使是早已身經百戰的我，上台前手心還是微微出汗。我最在乎的聽眾，不是雍容大度的校長，也不是高高在上的榮譽學者們。我最心繫的兩個人，此刻正坐在安納堡廳舞台的另一端、遠處挑高的閣樓貴賓席上，沒有哈佛學位，也沒有傲人的家世。當哈佛的藝術總監特別下樓親切地接待他們時，他們生澀的笑容中夾帶著結結巴巴的英文。這兩個人，剛從台灣飛來，他們是我的爸爸媽媽。

校長致詞後，緊接著就是音樂演出，懸掛在安納堡廳頂端的大吊燈映著七色的彩繪玻璃。夜幕低垂，熱鬧喧譁的大廳漸漸安靜了下來。我最愛表演前那一秒鐘

的純粹靜謐。

今夜，我不只擁有極大的殊榮代表哈佛大學以動人的音樂為這十位榮譽博士祝賀。同時，也是我離家後第一次有機會，在哈佛大學畢業前夕，讓爸媽和最頂尖的學者一起親耳聆聽我的演出。

演出結束後，我先抬頭看見校長溫暖地點頭示意，再一瞥望向舞台下方，全場歡聲雷動。媽媽告訴我，她在遠方站起來為我大聲鼓掌時，淚水已在眼眶中打轉。

幾年以前，我一個人從台灣起飛。當時的我完全沒想到，像我這般出身平凡的台灣女孩竟然也能站在世界的舞台。我的爸媽也從來沒有期許，有朝一日能夠受邀參與哈佛大學的榮譽儀式。

回首過去，我和家人分離了十多年，流過淚水，走過孤寂，也曾經失落迷惘。

我的名字是尤虹文，一個道地的台灣孩子。這本書，是我從高雄到哈佛，高中三年，一個人在世界另一端留學的奮鬥故事。

第一部

帶著勇氣與希望，出發

我知道自己年紀很小，但夢想很大。
在年輕的心中，沒有太多害怕的感覺，
卻有很多想要出去看看世界的渴望。

01
chapter

小小年紀，大大夢想

● ● ●

國中三年級、十五歲的我，就像每一個台灣國三青少年一樣，為了高中聯考煎熬、焦慮著；但不一樣的是，我的努力必須雙倍，因為我決定報考美國俄亥俄州克里夫蘭音樂院預備部（Cleveland Institute of Music, Young Artist Program）。

那段期間，我在為台灣的高中升學考試忙碌之餘，同時還得準備美國音樂院預備部的申請，蠟燭兩頭燒。每天下課回家都已經七、八點，還要先練幾小時的琴，接著再讀書。國三的課業壓力尤其繁重，申請的

每個步驟也不能掉以輕心。

渴望看見世界

當時，已在台灣獲得無數獎項，包括大提琴比賽的兩屆冠軍，也成功舉辦過獨奏會和協奏曲演出。我大可以留在台灣，進入高雄中學音樂班就讀。為什麼要大費周章到美國念書？

因為我知道，在內心深處，我想要到美國去接受挑戰，追尋自我成長。我不要只是台灣第一，我渴求見多識廣，更希望獲得世界的肯定。我知道自己年紀很小，但夢想很大。在年輕的心中，很奇怪，沒有太多害怕的感覺，卻有很多想要出去看看世界的渴望。

那時，我們這群「可憐」的國三學生，唯一可以放鬆的時刻就是午飯時間。我和幾個要好的同學常把桌子併攏，一起聊天吃飯。

好友A說：「我不走音樂的路，要申請雄女，專攻學科。」

B說：「我要拚命練琴，考音樂班甄試。」

升學壓力下，即使吃飯，話題還是脫不了即將來臨的

考驗。大家都希望能夠通過甄試，不用等到七月的聯考。

「你真的要到國外考試嗎？這樣來得及應付國內考試嗎？」聽到同學的問題，我不禁望向窗外隨風搖曳的椰子樹。想起去年跟著鋼琴老師到美國茱莉亞音樂院上個別課時，曾經走過的紐約林肯中心噴泉；紐約現在應該下雪了。我的未來，在地球的另一端嗎？

理想的學校出爐

紐約茱莉亞音樂院曾是我的夢想。雖然我熱愛紐約大都會，但是父母認為一個十幾歲的小孩隻身到紐約念書，實在太冒險。大城市複雜，誘惑多，治安是必須考慮的因素。爸媽不能放下工作陪我同去，家中也還有弟弟要照顧，我們在美國又沒有親戚朋友可以投靠，所以我得自己租房子、煮飯、自己過生活。這對一個剛到美國的台灣小孩來說，實在負擔太大。

除此之外，茱莉亞預備部（Pre-College）雖然頂尖，卻沒有宿舍，一個星期當中只有週六得到學校上課。加上我是外國人，不能上公立學校，如何延續高中課業更是一大問題。

正當猶豫不決的時候，鋼琴老師建議了另外一所學校：位於俄亥俄州的克里夫蘭音樂院預備部。該校提供宿舍和舍監，並且和當地海瑟威布朗（Hathaway Brown）女子高中合作。每天有校車接送上下學，還供應早、午餐。音樂院的大提琴、鋼琴師資良好，環境單純，還提供獎學金。這對我們家來說，真是再好不過了。

申請音樂預備部，必須先寄錄音帶或表演DVD送審。錄音曲目由學校指派，至少要花半年到一年練習。我在台灣的大提琴老師陳哲民教授花了許多時間陪我練習，在錄音室夜以繼日地錄音，要將最好的演出呈現給國外的主修教授。

初試錄影帶經由美國音樂院老師審核通過後，音樂院會再邀請考生到學校參加為期兩天的現場複試甄選。經由同師門的學姊介紹，加上美國大提琴教授理查·艾倫（Richard Aaron）也認識陳老師，因而對我非常友善。在看過我的演奏錄影帶之後，馬上通知台灣的老師，希望我一月底到美國參加複試。

與全球年輕音樂家一起考試

二〇〇〇年一月三十一日，大家正在台灣歡度過年佳

節，媽媽陪我飛到美國應考，順便參訪學校環境。一見到白花花的大雪，來自亞熱帶地區的我不畏寒冷，迫不及待地跳進雪裡堆著雪人，扔起雪球。

在音樂院演奏廳的大門口，第一次見到大提琴老師。老師留著鬍子，非常高大，嚴厲的眼神似乎可以將我看穿。我有點慌，但還是硬著頭皮，怯生生地上前打招呼。

我回望身旁所有的應試者，金髮碧眼的美國男孩正憨憨地對著我笑，棕髮大眼的法國女孩低頭專注地看譜，還有韓國、日本、中國的應考生直接在走廊大聲練起音階琶音。每個人摩拳擦掌、信心滿滿。我不禁倒抽了一口氣，全世界的佼佼者原來都聚集在這裡。

甄選評審除了老師，還有全美五大的克里夫蘭交響樂團大提琴首席和副首席。三位大提琴家坐在離我不遠的地方，抽考不同曲目。我盡力表現，從容應考，發揮自己的實力。三位老師還微笑著問我，英文怎麼這麼流利。

如果幸運考上，宿舍離音樂院走路只要三分鐘。隆冬中，許多學生經常穿著短袖就衝到學校上課與練習。媽媽也藉此機會和預備部主任會面，由我當翻譯。學

校整體環境讓媽媽非常安心。

考試結束後，大提琴教授特別留到晚上九點幫我上了一堂課，也讓我們彼此更加了解。這堂課其實也是一個測試，如果教授喜歡我在課堂上的反應和表現，他可能就會收我為門生。

02
chapter

美國或台灣？

● ● ●

三月中，我接到克里夫蘭音樂院預備部的錄取通知，
獎學金也沒問題了。那天，我正在練習鮑凱利尼
（Luigi Boccherini）的「第六號大提琴奏鳴曲」，媽媽走
進來，宣布這個天大的好消息。我開心地又跳又叫，
差點沒把大提琴砸壞。音樂院的大提琴教授竟然錄取
我了，很快，我就要和全美國、全世界的大提琴學生
齊聚一堂。

該是做決定的時候了。

國中音樂班的一位老師打趣地對我說，克里夫蘭在五大湖旁邊，冬天會很冷，連車子都有可能發不動喔，還是留在高雄吧。只是，再寒冷的氣候，又怎麼能夠澆熄我火熱的雄心壯志？我相信，如果選擇到美國求學，父母也會支持我的想法。

父母的考量

爸媽對我的未來，其實並沒有太多規劃，他們尊重我渴望出國的意願，也希望我擁有自由且無限寬廣的思想。有機會到美國學習，學會因應國際村的未來趨勢，具體適應做一個國際人，擁有國際觀，他們認為是一件好事。而且，不只是音樂，在其他學術領域，美國的好學校有許多值得借鏡之處。尤其音樂院預備部和海瑟威布朗女中合作能夠兼顧音樂和學業，他們也很放心。他們只盼望，雖然我到國外學習，最終無論如何要利用所學，他日回饋這塊土地。「落葉歸根，飲水思源」是做人的根本。

雖然支持，爸媽心中仍然百般不捨。直到大阿姨說了一句話，才讓他們放寬了心。阿姨說：「假如一個人在國外太辛苦不習慣，一年就可以回來台灣啊，就當作是交換學生一年吧。」正在猶豫不決的爸爸媽媽心

想，「對呀！機會難得，還是好好把握。反正想家的時候，飛機一飛就回來了。」在父母的大力支持下，我在回覆信函上簽了名。那年的六月，我從台灣的國中畢業，九月赴美，就讀高中十年級。

國中老師的真心話

考進克里夫蘭音樂院預備部後，四月，我再度榮獲全國大提琴比賽第一名，真是躊躇滿志。

畢業前夕，音樂班主任語重心長地對我說：「虹文，你覺得這趟出國會不會失去什麼？」看著老師，我實在不知如何回答。正值「初生之犢不畏虎」年紀的我，到美國等於得到當時我想要的一切：在精進琴藝的同時，接受美式高中教育，用英文、音樂和世界接軌。能得到的太多，我又能失去什麼？

從小學時期讀音樂班沒人看好，到如今拿獎學金出國攻讀音樂。這樣的際遇，是爸媽和我未曾想過的。遙不可及的天邊彩虹，變成近在眼前的青雲梯，做夢都會開懷大笑。

看著我興高采烈的樣子，老師誠懇地說：「與家人相處的時間非常短暫，值得珍惜。離開台灣後，你可能會

失去天倫之樂。」我頓時愣住，一句話也說不出來。直到現在，仍然清楚記得那天老師跟我說話的場景：我穿著夏季制服，天空萬里無雲。

那天，老師說的字字句句都刻印在我腦海裡。在人人欣羨我的際遇之時，她卻提醒了我人生的得失：在獲得成功、得到令人嚮往機會的同時，也有可能因此失去生命中同樣寶貴的事物。

只是年少的我，沒有機會、沒有時間，更沒有心情深究老師話語背後的深意。時間的軌道，不斷催促我向前；預定起飛的班機，沒有轉圜的餘地。美國，一個全新的世界，很快就要天翻地覆地向我迎上來，為我十五歲的小小天地帶來巨大的改變。

< 國中生如何考好托福

國三尾聲，我盡全力為出國做最後衝刺。雖然已經錄取音樂院，但是托福得要五百五十分以上，美國高中才會發入學許可給我。這個考試對我來說，只許成功不能失敗。

報名後，我到坊間補習班旁聽了兩堂課，裡頭的哥哥姊姊年紀都比我大很多。長期聽英文廣播，我對自己的聽力和閱讀頗有信心，只有作文比較棘手，必須好好加強。在英文老師的建議下，媽媽為我請了一位交通大學的學姐，每個星期幫我改一篇作文。

短短三個月，我每天勤做參考書中的題目，考了五次模擬考，每天讀一、二個小時。最後，我的成績將近六百分。很多人都以為我曾經在美國讀過小學，明明我是在高雄土生土長、正港的 MIT（Made in Taiwan）。而且，八歲以前，我完全沒有接觸英文。

歸納學習英文的心得，我認為：會聽就會說，會讀就會寫；不聽就不會說，不讀就不會寫。聽力和閱讀是吸收，會話和寫作是反芻。

作文方面，想寫好英文作文，卻從來沒有看過一本好

書，只是猛背英文作文範本的策略，是不可能寫好作文的。同樣地，想說一口流利英文，卻從來不下功夫聽英文新聞或是廣播，也是行不通的。當然，不是讀完好的英文文章就馬上能寫得出來，或者聽一節廣播就可以琅琅上口，但是至少可以奠定基礎。

學好語言的關鍵，不在每天學習時間長短，而是品質。小提琴名家帕爾曼大師說過：「一天練琴超過四小時，就會變得一點效率也沒有。」讀英文也是，在精不在久。例如，我每天聽半個小時廣播，其實時間不多，但重點是不可以間斷。

記得有次過年期間，所有親戚都團聚在我們家，但是廣播時間一到，我還是回到房間，關起門來，持續我的英文練習。半小時之後，再出來跟大家一起歡聚。就是這樣長時間的努力與累積，造就了我的托福好成績。

03
chapter

踏上陌生國度

● ● ●

二〇〇〇年八月十五日，高雄小港機場，西北航空。

十五歲的我無比興奮地準備搭機前往美國。背著大提琴，拉著媽媽，我回頭看了最後一眼；來為我送行的爸爸和剛上國中的弟弟，兩個人靜靜佇立在機場一角揮手。

突然間，不知道為什麼，眼淚撲簌簌地流了下來。一轉彎，過了海關的大片窗戶，竟然連爸爸和弟弟的影子也看不到了。我急忙擦乾眼角，不敢讓媽媽看到我

泛紅的眼眶，怕媽媽跟著我一起掉淚。

飛機終於起飛，我望向窗外，高雄港竟縮小成地圖的一角，高大的建築物變成一格格的火柴盒。隆隆引擎聲中，想到自己如同一個放風箏的小孩；風愈吹愈強，膽子也愈來愈大。這次，風箏要從台灣放到美國去了。線夠長嗎？距離那麼遙遠，一旦不小心，斷了線的風箏還回得來嗎？

勇敢放手一搏

出國前一夜，爸媽蹲在幽黃燈光下幫我打包和檢查行李。台灣的零食、泡麵、中藥、奶奶的紅包，加上誠心求得的護身符。我們一家人圍著滿滿的行李箱，再也不確定這口箱子還能塞下什麼。

理智上，我明白出國是為了挑戰自己。但是情感上，晚上纏著爸爸媽媽聊天、每天幫奶奶搥背、跟弟弟嘻笑的我，並不知道如何替自己做心理建設，好面對即將到來的異鄉生活。或許，這就是為什麼，在小港機場轉頭回望的那一瞬間，我拿琴的手微微一顫，眼淚悄悄流了下來。

常有美國的同學對我說：「你好堅強喔，那麼小就敢自

己一個人出國。」如今回想才驚覺，任何一個生活中的劇變都可能讓我難以承受：陌生的國家、西方的思考模式、美式的學習態度、不認識的老師、無法交流的同儕、吃不慣的飲食、住不來的宿舍。飛機起飛的這一頭，有我最親愛的家園；飛機降落的那一端，我一無所有。

儘管如此，我從未後悔當時勇敢地放手一搏。生命如果重新再來，我還是會選擇離開台灣。

只為追求音樂之美

法國後印象派畫家高更（Paul Gauguin）曾說過一句很特別的話，讓我非常震撼。他說，「人類為了下一代，犧牲一切；他們的下一代再為下一代，犧牲一切，永無止息。」照高更的說法，魚與熊掌，難以兼得，與其終老於家庭，他寧可為藝術犧牲一切。高更離開了穩定的銀行工作，拋棄妻子和家庭，開始流浪，創作繪畫。雖然我不能全然認同他的理念，但是高更掙脫世俗的浪漫與執著，讓我對藝術與生活有了更深一層的體悟。

高更一生拜倒在藝術的魔裙下；我只希望自己能同高更般虔誠，服侍偉大的作曲家。音樂的力量，曾經讓

我為孟德爾頌啜泣，在巴哈大提琴「無伴奏組曲」中感受到靈魂的洗滌。這股力量，讓無數的藝術家奉獻一生。

我希望能攀登美的巔峰，追求音樂的極限，因此毫不猶豫離開台灣，答應了美國教授的邀請。我自認，追求音樂之美，必須如夸父逐日般執著。離家吃苦的風險又算什麼？

我的新老師，是美國數一數二、桃李滿天下的大提琴名教授。能跟享譽國際的名師學習、與優秀的同儕切磋，演奏技巧必能大為精進。我期待，我與我的大提琴能一次比一次更精進，一曲比一曲更圓熟。不斷突破瓶頸，讓每一次演出都能引起共鳴，感動人心。

美國遺傳學教授羅伯・柯洛寧（Robert Cloninger）在最新研究中指出，快樂性格不可或缺的三種特質是：堅持、自我超越以及追求新奇。到美國念書讓我在無意中滿足了這三項條件。除了希望能堅持追求音樂的夢想，再度超越自我、投身藝術之外，更重要的是，我踏上了一條沒有人知道前方為何的路。

如果國中畢業後，我選擇留在台灣，或許可以擁有一段什麼都被規劃好的前程：高中音樂班、大學音樂

系、研究所、工作職場。一切是那麼安逸美滿，但是，我卻無法親眼看見世界的頂端在哪裡，也可能錯失試探自己靈魂盡頭的機會。

我渴望未知數，渴望新奇，渴望精采冒險的旅程，想在原本不屬於我的國度建立起「希望之城」，城中處處是探索新事物的想像力和好奇心；我希望可以戰勝一切可能的風險，為人生創造出另一番新氣象。

04
chapter

穿梭兩校之間的局外人

● ● ●

初來乍到美國，我的人生似乎蘊含無限的可能：可以
向上爬，也可以往下走。

一下飛機，映入眼簾是美國遼闊的田野，延伸到無邊
無盡的天際。我和媽媽抵達克里夫蘭是當地時間下午
三點。秋夏交接的季節，空氣裡帶著甜沁沁的香氣。
比起南台灣的赤炎日頭，北美的太陽似乎更添了一縷
神祕，多了一分迷濛。

我的新家

搬進音樂院兩人一間的宿舍，我跟來自佛羅里達的十八歲小提琴室友同寢室。媽媽笑著說，雖然窄小，但是比起當年她念大學六人擠一間的寢室好太多了。

這個我所謂的新家，白漆的房間裡擠著兩張小小的單人床，鋪著新買的淡色碎花床單。倚著書桌，木頭釘的書架上放著高行健的《靈山》。窗外的大樹隨著五大湖夏末初秋的腳步，幾片葉子竟已透著嫩嫩的紅。

陪我陪到不能再陪的媽媽，八月底終究必須搭飛機返回台灣。媽媽離開那天，我一個人坐在床邊，恍惚間突然覺得這地方好陌生，自己怎麼會在這裡呢？窗外該是燠熱的高雄豔陽，還有永遠鮮綠色的椰子樹葉才對。

「鈴鈴鈴……」白色的電話大聲作響，我趕緊衝過去接起來，好像這個電話是我跟台灣家人的唯一連結，我的救生浮板。「虹文？是你嗎？」媽媽在機場，回台灣登機前投銅板打的電話。「媽媽要回去了，你一個人在美國，自己要勇敢！」

媽媽放下電話筒的那一剎那，我只聽到「嗶一」的

一長聲。瞬間，美國的藍天白雲、綠油油的草地，變得非常不真實。嘴巴裡來不及講的話，只好硬生生吞了回去：我不想要這個新家，我只希望爸爸可以來美國，媽媽能夠留下來陪我。

忙碌的課表

我和一般美國高中生不同，不只因為我是黃皮膚、黑眼睛的台灣人，而是我得兼顧兩所學校 —— 海瑟威布朗女中和克里夫蘭音樂院的課業。日子雖然過得充實，但因為課表的特殊性，讓我變成忙碌穿梭於兩個學校的局外人。

每天一早，我坐校車到二十分鐘路程外的海瑟威布朗女中上學科，中午就由校車接回音樂院。所有在下午進行的高中課外活動、運動社團或是社區服務，我都沒有辦法參與。

下午一點，克里夫蘭音樂院大學部的音樂課程陸續開始，有樂理、聽寫、韻律學、大提琴課、鋼琴課、室內樂，以及表演大師班。每晚七點自行練琴到十一點，然後再寫高中的功課。

音樂院預備部只收十五個學生，跟音樂院的大學生一

起上課。三年後如果完成課業，可以獲得美國高中文憑和青年藝術家證書。

音樂院開學兩個星期後，高中開始上課。九月初，我第一次踏進海瑟威布朗女中。這所圓柱石磚的高中於一九二七年建成，是俄亥俄州第二古老的中學。廣闊的校園包含運動場、游泳池、自助餐廳、科學實驗室和音樂練習室。夏天，學校靜謐如古老大莊園；冬天，白雪覆蓋如城堡般壯麗。

大門牆壁旁，石刻的字正是校訓：「我們不為學校學習，我們為生命而學習。」（Non Scholae, Sed Vitae Discimus; We Learn Not For School, But For Life.）我摸著石板上的刻痕，心頭湧上一股莫名的欣喜。

到校第一天，就見到高中部的主任及升學輔導老師。主任高高瘦瘦、一頭俐落短髮；升學輔導老師戴著一副圓眼鏡，笑容可掬，兩道犀利的眼神從鏡片後透視著我。主任坐在幽暗的書桌燈下，翻閱我的托福及台灣國中成績單，然後起身親切地握住我的手，歡迎我加入歷史悠久、傳統優良的海瑟威布朗女中。

天鵝與醜小鴨

我的生活裡，存在兩個截然不同圈子的同學。

音樂院裡的同學，是來自世界各地的音樂人，大部分年紀都比我大許多，全心全意專攻音樂，充滿藝術氣息。在他們的眼裡，我只是個台灣來的、每天還要背書包上高中的小女生。高中這邊的氣氛就大大不同，同學年紀相仿，全部來自本地家庭，彼此可能從幼稚園就玩在一起。在她們的眼裡，我是個外國人，又是音樂院來的奇怪份子。

就學前，我只聽說海瑟威布朗女中是社區中的好學校，並不知道這裡一年的學費與州立大學學費差不多。除非擁有特殊才藝，申請到獎學金，一般家庭難以得其門而入。

第一天開學，沒有制服，但是學校規定不能穿牛仔褲。我穿了棕色絨褲、黑色風衣，配上白色布鞋，戰戰兢兢坐上校車。到了放書包的置物櫃前，我感覺自己好像走入好萊塢校園電影場景。環繞在我周遭的女同學們，個個皮膚白皙、體態勻稱；有的是晶亮的深蜜色捲髮，有的是筆直的金髮；要不是踩著細高跟鞋搖曳生姿，就是身著展現曲線的窄皮裙。我當場傻

眼，原來沒有制服的高中生竟是這樣穿法。從小我就不注重外表，美國同學的打扮令我自慚形穢。

開學沒多久，我就發現美國人流行舉辦生日或是節日派對。下午放學後，經常有同學開車請三、五好友到家裡玩。她們總是友善地看我一眼，就把眼光跳到別人身上。她們知道，即使邀請我，我也沒有辦法參加。一來我沒有車，二來每天下午我都得到音樂院練習，三來我也無法回請她們，因為我住在宿舍裡。

不過，我很清楚自己必須走的方向，如果可以練好琴、讀好書，雖然長得沒有同學亮麗，或是沒有辦法打進她們的社交生活，但還是希望能夠如國中國文課本裡面所說的「曖曖內含光」。

化思念為力量

海瑟威布朗女中每年都會舉辦一個「感謝教師日」（Teacher Appreciation Day）活動，同學的爸爸們都會穿著西裝、打好領帶，排列在學校古色古香的大廳裡，提著大包小包特別購買的禮物，準備送給老師。另外，每半學期一次的高中家長會或母姐會，提著手提包、戴著太陽眼鏡的媽媽們也都會親自到校跟老師單獨會談。

隻身在異鄉的我，遇到這類活動時，總是一個人靜靜溜到二樓圖書館看書。還好，老師從不提也不問，為什麼我的父母不出席家長活動。

我不願因此失去和台灣家人的交流，一有機會，就會盡力將上課的內容轉述給家人聽，詳細描述我的學校生活，希望藉由國際長途電話來彌補無法隨時都在的情感支持。

媽媽知道我想家，時常從台灣寄來家書和包裹，報告家裡的瑣碎小事，字裡行間，不斷鼓勵我要「化思念為力量」，勇敢面對美國的人事物，多交新朋友。面對小留學生可能遇到的種種障礙，爸爸總用古人的詩句啟發我。他最常說：「手把青秧插滿田，低頭便見水中天。心地清淨方為道，退步原來是向前。」（唐朝·布袋和尚）其深刻用意，無非是要我兼顧動與靜，激發我克服盲點、向前邁進的潛能。

五歲時，爸爸送我第一本日記，讓我用注音符號紀實。出國前，他又送我全新的一本。日記是訓練我獨立堅強、靜心自省的最佳工具，在全新環境和思鄉的衝擊下，我總是有一本中英文交雜的日記可以傾吐。透過文字抒發與內在省思，獲得平靜和力量。

不過，每當我遠遠遙望老師和同學父母們的開懷笑容，還是會忍不住想：即使爸爸媽媽在美國，他們也能跟老師對答如流嗎？我心中很清楚，因為語言與空間的隔閡，我原來的家跟現在所處的美國世界，是不可能融於一塊的。

05

chapter

文化大震撼

● ● ●

初到美國，我感受到非常大的文化差異。從溝通方
式、飲食習慣，到讀書學習與穿衣打扮，都必須跨越
鴻溝，找出一條自己的路。

開學不到一個月，大我三歲的美國室友就給我上了震
撼的一課。

我的室友善於打扮，經常花枝招展、濃妝艷抹，音樂
院裡的男生都很喜歡她。有一天晚上練琴結束，準備
走回宿舍讀書，一打開門，赫然見到一個高壯的外國

男孩跟我室友躺在床上。原來是她新交的男友。

剛到美國的我，不習慣美式作風，當場嚇傻了，怔怔地不知道該說什麼，加上英文表達能力也不如人，只得把門關上，低著頭趕快離開。

在自己房間讀書得不到安寧，又看不慣室友的男女關係，每天晚上我只好乖乖到外面公共區域讀書。雖然明知室友已經違反了宿舍規矩，但是我不想破壞感情，沒有向舍監告狀。只殷殷盼望著，我的柔軟能讓情況好轉。

想不到室友看我讓步，反倒開始變本加厲。只要沒課，都窩在房間跟男朋友消磨時光。忍無可忍之下，心煩意亂的我幾度差點與室友發生爭吵。爸爸雖然故作輕鬆地說：很不錯，還能用英文和美國人吵架；仍然拜託在美國的朋友，特別跑一趟到學校關心，我的大提琴老師知道情況後，勸我一定要跟舍監報告。

被舍監口頭告誡的時候，室友還一再辯解。但從此以後，我再也沒有在房間裡見到她的男友。我終於可以安心回去讀書，父母也鬆了一口氣。

「室友事件」讓我明白，美國是個注重個人權益和開放

溝通的國家，縱使有再大的文化隔閡，屬於你的權利就要大聲自己爭取。否則，就會有人硬踩在你的頭上。

一學期胖五公斤

美國宿舍的食物非常油膩，還有任你吃到飽的霜淇淋機。在台灣被禁止吃冰的我，到了美國即使外面冰天雪地，還是每天一支霜淇淋。不意外地，第一學期我就胖了五公斤。除了宿舍提供的食物外，也要「歸功」於女子高中提供的小貝果。

每天早上，為了趕校車，我常常來不及吃早餐，餓著肚子到中午。還好，高中的校方非常體貼，會在下課時間提供小貝果當點心。

小貝果是普通貝果的三分之一大小，我到美國前從來沒有看過。烤箱烤過的小貝果，配上藍莓醬和柔細綿密的奶油乳酪，再加上一杯熱騰騰的巧克力，真是人間美味。我最高紀錄是一口氣吃了十二個小貝果，還意猶未盡。還好，學校沒有因為我熱愛小貝果而向我加收餐費。

除了貝果，我還認識了許多新食物。美國人很喜歡叫外賣，有一次音樂院的同學要一起點帕尼尼

（panini）。我看著一行行的菜單，有看沒有懂，心想，什麼是panini？聽都沒聽過，是bikini（比基尼）嗎？搞了半天才知道，帕尼尼是義大利三明治，因為用炙烤方式調理，外皮脆脆的，更加可口。

克里夫蘭的小義大利區則是我心嚮往之處。每逢週末走路經過，聞到空氣中撲鼻黏膩的甜甜圈香味，口水簡直快要流出來。第一次吃到水果塔還有提拉米蘇時，整個人都快被糖給融化。假如可以不練琴，我非常願意每天來甜點店報到，就算沒得吃，看著櫥櫃裡擺設的一道道點心，就心滿意足了。

雖然有許多美式新食物深得我心，但是方圓五里沒有一家中國菜餐廳，想念家鄉味的時候真是一籌莫展。還好台灣的僑胞朋友和教會阿姨，三不五時會為我送來一盤熱炒。看著那盤承載了濃郁鄉愁的台灣菜餚，我都捨不得開動，總是一小口一小口省著吃，慢慢珍惜享用。

點一盞書燈

秋天的葉子，紅和綠黃交揉在一起，錯得真美。一轉眼，飄雪的感恩節悄悄來臨。

一年一度的感恩節，偌大的宿舍裡空無一人。好心熱情的台灣阿姨叔叔們怕我在宿舍落單，總會邀請我到他們的家裡熱鬧過節。宴席過後，曲終人散，回宿舍的路上，白皚皚的雪地像是灑上了一層銀光。窗外，每一家漂亮的大房子都點上了夜燈，每個同學、朋友，都有自己的家。我看到遙遠處閃爍著溫暖輝煌的燈火，就會特別想台灣，想爸爸、媽媽、弟弟、奶奶。

有家人在的地方，感覺天不怕、地不怕。但是現在，人在異鄉，再也沒有避風港能幫我阻擋生命中的大風大浪，也沒有哭著回家的機會。不知為什麼，腦中浮現出馬克吐溫《頑童歷險記》（*Adventures of Huckleberry Finn*）小說中的場景：主角哈克貝里沿著密西西比河順流而下，星夜小舟下大聲吶喊，他就像大河上的小船般孤獨。

難道哈克貝里冒險走過千萬哩路，也有剪不斷、理還亂的鄉愁？一個人回到宿舍，我點了盞小燈，坐下來再讀一次馬克吐溫的名作。

安靜的深夜裡，有風聲、雪聲，伴隨著我的讀書聲。

06

原來，美國高中是這樣上課的

• • •

美國注重個人表現，台灣鼓勵團體學習。從台灣校園
踏進美國教室，一開學我就感到非常不一樣。

海瑟威布朗女中開學第一天，第一節課就是全校朝
會。我坐在大禮堂最旁邊的角落，不用升旗，沒曬太
陽，坐著聽訓的朝會，真是太輕鬆了。比爾・克里斯
特（Bill Christ）校長任教於海瑟威布朗女中十餘年，
因為和耶穌基督同姓，我喜歡戲稱他為「基督校長」。
第一次聽現場英語演講正是校長上台致詞，聲音低沉
有力，加上言之有物，贏得如雷掌聲。

美國人演說方式非常活潑，校長生動的比喻令我至今難忘。他說：「求知的動力，如同內心一把沒有盡頭的梯子。唯有不斷激勵自我向上爬，才能滿足每個人與生俱來的內在渴望和熱誠。」

開學前的惡補

入學前，我從暑假作業就看出一些端倪 —— 我的高中不好念！

英文課沒有課本，只有讀書清單。一收到暑期英文閱讀清單，我決定先從容易且較薄的《富蘭克林傳記》開始；看完後，再讀更具深度的伊迪斯·沃頓（Edith Wharton）代表作《歡樂之家》。

《歡樂之家》是透過女主角莉莉的一生，描述十九世紀末紐約上流社會的情景。不僅句法文謅謅，字彙艱澀難懂，而且情節一點也不歡樂。為了熟習女作家伊迪斯·沃頓的風格，我先看了她的另一部巨作「純真年代」的電影。電影布局和角色會話讓我對十九世紀末的紐約時空背景有了概念，再回過頭來讀《歡樂之家》，感覺親近許多。

當時人還在高雄的我，特別拜託英文補習班的一位學

姐陪我一起讀這本小說。我規定自己一天讀十頁《歡樂之家》，暑假兩個月絕對可以讀完厚厚的三百頁。前一、兩週簡直痛不欲生，即使我花兩、三個小時將不懂的單字查完，知道各個單字的中文意思，還是看不懂這頁到底在講什麼。後來才知道，《歡樂之家》對美國小孩來說一樣難，好比中國人想讀完《紅樓夢》吧。

不過我沒有放棄，一個字、一個字拼湊出整本書；如同蝸牛背著重重的殼，一步一步爬上書的葡萄藤。閱讀進行到全書的二分之一時，我開始不必查字典。大概讀到四分之三後，我終於抓出作者的文字運用和句

< **美國高中暑期英文讀物**

1. 《孤星淚》（*Great Expectations*）by Charles Dickens
2. 《奧德賽》（*The Odyssey*）translated by Robert Fagles
3. 《富蘭克林傳記》（*The Autobiography of Benjamin Franklin*）
4. 《歡樂之家》（*The House of Mirth*）by Edith Wharton
5. 《分崩離析》（*Things Fall Apart*）by Chinua Achebe

型結構，證明英文書一定要反覆閱讀。到了書的尾聲，我已突破語言障礙，與小說中的人物產生共鳴。同情莉莉和男主角人性上的弱點，兩人之間的盲目愛情，以及屬於大時代社會的苦悶和荒謬。

讀完《歡樂之家》，突然發現自己的英文程度瞬間提升，聽廣播、讀雜誌變得輕鬆許多。假如連《歡樂之家》都能「悅讀」，我想應該可以勝任美國高中全英文的學科課程。

重視每個人的發言權

開學後的第一堂英文課，老師馬上請大家翻開《歡樂之家》。就是那本讓我一個字一個字查字典，每個生字都畫上不同顏色的線，旁邊都是五彩繽紛注解的那本書。我心想，老師可能會馬上發小考考卷，那我就可以好好一展身手了。

想不到，老師第一句話竟然是：「大家對這本書有什麼想法？」（What did you think of the book?）原來，美國老師不是用考試，而是討論的方式來引導學生。同學紛紛舉手，你一言，我一句，高談闊論。大家對於「開放式討論」的教學法抱有極大的熱情。看到每個同學侃侃而談，我的信心頓時消失得不見蹤影。

有些同學的發言明顯較為籠統，聽起來像是開學前幾天才開始翻閱，甚至參考「Spark Notes」（美國名著簡介網站），屬於臨時抱佛腳型。熬到最後一分鐘，眼看下課時間快到，我鼓起平生最大勇氣，手舉一半，小聲說出我對這本小說的見解。我說：「女主角莉莉最大的悲哀，不在於她嫌貧愛富的個性；而是她無法客觀地面對自己，不願遠離大時代的偏見和迷思。」老師對我點點頭，似乎嘉許我在打鐘前一刻和班級同學分享讀書心得。

「叮噹叮噹……」第一堂課就這樣結束。

以前在台灣，我的成績優異，小學時代從來不做參考書。一上國中，媽媽就說，我不能再如此自由自在地讀書，所以每門科目都買了參考書回家。到了美國，壓根沒有選擇題、填充題，更沒有參考書這種東西，英文課連課本都沒有，著重於閱讀名著和當代小說。課堂上靠的是自我思考、申論、閱讀和寫作能力，不是記憶跟背誦。

台灣學生在國外的最大考驗，就是如何克服自己的心理障礙。我深刻體會到，千萬不要受限於英文表達能力不佳，以為自己的想法或是問題不值得野人獻曝，

輕易放棄表達自我的機會。我的大三哈佛經濟教授曾說過，「世界上沒有一個問題是愚蠢的。」既然到了國外，就要培養實力，勇敢陳述自我意見和想法 —— 這是個人的權利，也是義務。

發言前，先培養思辨能力

小班制度下，美國的同學經常在課堂上針對老師的授課內容或是課本上的資訊提出質疑。提問的習慣，對思辨能力是很好的訓練。

高三上學期我加選美國歷史課，同學問的問題愈來愈有深度，老師解惑更加一針見血。有一堂課，歷史老師凱文・帕拉（Kevin Purpura）先生和一位機靈的同學當場辯論，美國墨西哥戰爭開戰和結束的原因。這位同學認為，美墨戰爭告一段落，主要在於美國政府重審邊疆不斷擴張的野心；老師說，更重要的原因是美國總統詹姆士・波克（James Polk）面臨來自不同勢力的壓力，必須草草結束戰爭。尤其在新土地和南方奴隸問題的關聯，南北方因戰爭持續互相杯葛，使得美國國內情勢陷入更加棘手的窘境。這場長達十五分鐘、鉅細靡遺的課堂辯論令我驚嘆不已。

歷史考試最重要的題目，不在是非題、選擇題，而是

問答題。先辯證議論考試命題，再以美國歷史事件為例證做補充。光死背史實而不會分析歷史事件，等於零分。例如，考題可能是「請問，從一九六八到七四年，美國尼克森總統是如何面對國際和國內的挑戰？請評估他的表現。」這時，必須統整分析所有歷史資料，寫出一篇英文批判短文。得分高低取決於個人的思辨能力。

藉由課堂問答辯論和考試方式，歷史老師跟同學都幫我上了一門重要的思辨課。

< 不要叫我ESL

我不喜歡ESL（English as Second Language，「英文非母語」）這個標籤。可能是不服氣、臉皮薄，就算我來自台灣，英文非我母語，還是要盡力追上外國人。

在海瑟威布朗女中，沒有所謂ESL教程，學校要求外籍學生托福成績達到州立大學的入學水準才能入學。我建議想出國留學的孩子，最好先在台灣把英文學到一定程度，理由如下：

- 出國對個人和家庭都是很大的壓力，英文要是連美國學生基本的程度都沒有，不僅給自己添麻煩，也浪費父母辛苦的血汗錢。
- 在國外的最初兩年，信心的建立很重要。我的托福測驗雖然超過學校的基本要求，真正上起課來還是要加倍用功才行。如果因為語言能力不足，失去上正規英文課程的機會，被降調到語言學校或ESL課程，就會漸漸失去奮鬥的動機，跟美國學生的距離也會愈來愈遠。

不過，我也不贊同從小為了學好英文，就疏忽了認真學習母語。縱使講究國際化，自己的母語沒有學好就到美國，無異是本末倒置，容易失去方向。中文好，對學習英文絕對是加分。

07

親愛的老師們

● ● ●

我很幸運，無論是在學校、音樂路途，或是學習英文，一路都有良師啟蒙。初到美國，不知道這裡的老師會如何看待我這個新學生，對於陌生環境和美國文化更有莫名的恐懼。所幸不久之後就發現，老師們對外國學生非常包容。

我的「曼陀」導師

第一天到學校，就一直聽到大家說「趕快去找你的『曼陀』（mentor）。」講了半天，我根本不知道

「曼陀」是導師的意思，還在猜是要去吃「曼陀珠」嗎？幸好，一位好心的同學把我帶到胡立佛（Linda Wohlever）小姐的教室。原來，曼陀是我的導師胡立佛小姐；在每個「mentor group」中，每位導師指導七個學生，是我未來三年所屬的導生制小團體。胡立佛小姐有一頭淡棕色短髮，講起英文有種特殊委婉的腔調，個性非常溫和。她看到我遲來，沒有生氣，只是微微一笑。我心想，她應該是個好好小姐。

美國高中沒有所謂的固定班級，每個學生的課表依個人程度和喜好而異。英文班可能跟珍娜同班，數學跟瑞秋同課；高一生可能跟高三生同班，或者高三生跑來念高二的課。第一節下課，就看到大家背著背包從一個教室跑到另一個教室，好像在玩大風吹。因此，mentor group 是三年中唯一會固定見面的一群人。學生可以跟導師談課表上的衝突，互相比評課程或是請教老師生活上的疑難雜症。導師也會定期帶我們到校外聚餐，節慶時一起慶祝。

第一年萬聖節，mentor group 裡的每個人都必須裝扮。我還不明瞭萬聖節的傳統，只穿著日常的衣服。當大家問我，你扮演什麼角色？我只好說，「我扮演我自己。」引來一陣哄堂大笑。

胡立佛小姐人好，但有點迷糊。升上大一，我回學校拜訪她，胡立佛小姐竟然立刻說：「女大十八變，你好像變漂亮了！」害我險些笑出聲來。看來，高中的導師並不迷糊嘛。

有耐心的數學老師

在台灣上學時，我就喜歡「打破砂鍋問到底」，可惜機會不多。到了美國，人人都愛提問，我在這點特別獲益。

微積分班上有十幾個同學，只要任何一個人有一絲絲的疑惑或是對哪部分感興趣，希望加強，就會馬上舉手提問。提出的問題即使超過考試範圍，數學老師皮爾斯（Daniel Pierce）先生也會不厭其煩地解釋。

有一次，我對於定積分、黎曼積分和淨值累量的關係百般不解，題目答不出來。老師在下課五分鐘前講解，同學一個個踏步離去，我還是一直發問。等我們把第三道問題解完，同學早已走光，吃飯時間也快結束了。我發現老師幾乎沒有時間吃中飯，非常過意不去，也怕老師會不高興。沒想到，皮爾斯老師金框眼鏡下的眼神非常和藹，他不但不在意，反而說，你問愈多問題，我才知道自己哪裡教得不夠仔細。

化學老師的看重

從全中文學習環境轉換為全英文學習環境，的確對我帶來重大的衝擊。我必須徹底調整學習方法，其中的重點在於：追求效率。

剛開始念化學時，雖然有台灣理化老師打下的好基礎，但是每個化學元素或碳化合物，我都先翻譯成中文再背起來。微積分也是，所有的數學專用詞得一個個查字典。後來我發現，這樣事倍功半。每天，我練完琴回到宿舍都已晚上十一點，等我查完單字，天都亮了，根本沒時間做題目。

兩個星期後我恍然大悟，應該直接用英文記化學元素、讀課本。看一遍不懂，看兩遍不懂，第三遍就懂了，從此不再受中文的束縛。

改變方法後，我的化學成績大幅進步，化學老師唐·索薩德（Don Southard）開始注意到我在化學方面的表現。不到一年，老師指派我參加「美加國際亞佛加厥化學比賽」（International Avogadro Chemistry Exam）。這個比賽由加拿大滑鐵盧大學（University of Waterloo）化學系主辦，題目千變萬化，特別艱深，針對化學的高材生進行測試。

比賽之前，老師勉勵所有參賽者盡力而為，打破學校最佳紀錄——我們曾經有位學姐擠進前五十名，為學校爭光。結果，我竟然拿到本校有史以來最好的成績——全世界第三名。學校為此歡呼轟動，高中校刊破天荒地出現一個台灣學生「Yu」的名字，還安排專業攝影師替我在新完工的大樓背景下拍照。

這次的表現，也讓專門訓練西屋科學獎（Westinghouse Science Talent Search）選手的杭特女士注意到我，安排我進入凱斯西楚（Case Western Reserve）大學實驗室，以高中生身分參與大學化學教授的電催化研究（Electrocatalysis and energy storage）。可惜，我為顧及音樂練習，最後只好婉拒。

08

chapter

英文大突破

● ● ●

第一篇英文報告發下來，成績不盡理想。這麼低的報
告分數，讓平日超愛發問的我覺得很沒面子。但是，
這裡也沒有其他人可以幫我；爸媽看不懂，音樂院很
多同學高中都沒畢業。一籌莫展下，我只好硬著頭皮
去敲英文老師麥凱小姐的辦公室大門。畢竟「醜媳婦
總是要見公婆」，我這「中華味」十足的英文不改善，
絕對不可能拿高分。

勤讀《紐約時報》書評

英文老師十分坦白地說，我的英文寫作不順，要多看報章雜誌才能改善，建議我勤讀《紐約時報》書評（New York Times Sunday Book Review）。《紐約時報》書評類似《紐約時報》的副刊，專門介紹新出版的好書。很多同學家裡都會訂報，但是我住校，只能善用現有資源，利用每天下課空閒的十分鐘到圖書館去翻學校訂閱的報紙。

一開始讀《紐約時報》書評，感覺比新聞報導還要艱澀。不僅句型結構看不懂，大意也模模糊糊。明明是一個句子，感覺比十句還要長。舉例來說，初讀到下面這段：

The more pressing issue is that of verisimilitude, truth-likeness, the illusion of being real, a quality without which fiction that adheres to the conventions of what is commonly called realism (a problematic term, but useful shorthand for the more cumbersome "let's try not to draw attention to the fact that this is all made up"-ism) starts to feel to its audience like an ill-fitting and spasmodic sock puppet.

短短的下課十分鐘，我看不到一句五行就快崩潰了，實在不懂到底是什麼意思，簡直就像成語所形容的

「瞎子摸象」。

好強的我不敢跟老師說我其實看不懂。依然每天有空就跑圖書館，死馬當活馬醫，到最後圖書館員都會主動告訴我，這個星期的書評報紙已經來了。當時我想，就算字彙程度不夠，至少可以觀察學習書評寫文章的起、承、轉、合。

《紐約時報》書評向來以其句型架構複雜取勝，這種寫法，我之前在台灣，甚至考托福時，也從來沒有接觸過。每天短短十幾分鐘，我從中模仿最正統優雅的英文寫作模式。讀書要讀經典，一點也不錯，假如讀八卦雜誌，就不可能學到如此高品質的英語寫作。另外，因為下課的時間很短，我強迫自己加快速度閱讀，只為可以多看幾行書評。每天「圖書館十分鐘」的方法，同時練習閱讀兼寫作，一石二鳥，真是划算。

能被選進《紐約時報》書評的書，或主題深邃，或符合時代潮流，或文筆清晰，或想像力豐富，都是一時首選，內容更是包羅萬象，涵蓋種族意識型態、宗教、科學、心理學、歷史、女性主義、文藝評論等。該報的書評委員，許多更早已是知名作家。因此，認真閱讀書評內容，等於間接跟最頂尖的佼佼者學習寫

作。或許比不上一對一的作文教學來得有效率，但是我在可能範圍內做到全力以赴。

這些訓練，對應考美國大學入學考試的閱讀測驗，以及了解美國當代社會、西方思想結構，都有莫大的助益。

終於開竅了

有一回，上課鈴聲響起前，我竟然把一篇書評看了超過一半，這是從來不曾發生的事！以前看五行、十行都困難重重，難道是這篇書評寫得比較簡單嗎？還是謝天謝地，我終於開竅了？離開圖書館的時候，我幾乎是用跳的出去，讓圖書館阿姨忍不住抿著嘴笑。

一年後，看了上百篇紐時書評、學習不同的寫作風格後，我的英文報告成績有了起色。雖然離完美還有一大段距離，但是至少足夠應付十一年級的英文新挑戰：下學年我將選修「作家的聲音」（Writer's Voice）。這是門新課程，也讓我因此認識改變我高中生涯老師桑頓（Pauline Thornton）博士。

桑頓博士是學校裡資深的英文老師，向來以開放的教學作風和精挑細選的讀書教材著稱。我在她的教導

下，不但選修英文大學先修課程，更在自傳寫作和大學入學考有長遠的進步。最後，桑頓博士更成為我的推薦人，把我送進哈佛大學的大門。

＜ 英文精進訣竅

1. 多讀經典，只讀經典。要學，就要學最好。
2. 持之以恆。
3. 看不懂的好文章照看、再看，不輕言放棄。
4. 限制時間，十分鐘看一段或是一篇，訓練速度。
5. 避免貪多不嚼爛，品質比數量重要。
6. 不要過度依賴中文字典。
7. 學著一邊閱讀，一邊在心裡朗誦。會念單字，就會背誦。

09

chapter

從零開始的音樂路

● ● ●

在台灣已是音樂比賽常勝軍的我，帶著家人、老師、
朋友的祝福和期望來到了美國。我深信中文常說的
「皇天不負苦心人」、「有志者事竟成」，然而我的志向
到底是什麼？

「你當不了馬友友」

高一剛進克里夫蘭音樂院，我私下幫大提琴老師理
查・艾倫取了綽號，叫他「黑輪老師」──台語念起
來跟他的英文名字發音很像。

上黑輪老師的第一堂課，我挑選了慷慨激昂的「普羅高非夫大提琴協奏曲」。演奏第一樂章時，除了老師，還有一位現任芝加哥交響樂團大提琴副首席的學長在場旁聽。一結束，學長笑著對我講了一句：「Great Job!」我興高采烈地等待黑輪老師的評語。

老師什麼都不說，卻問我：「你長大想做什麼？」我說，我最崇拜的當代音樂家是馬友友和帕爾曼。

「什麼？最大咖的音樂家？連我都不認識他們！你抬頭看看，世界上有幾個女性亞裔大提琴家？沒有！全世界女性大提琴家如鳳毛麟角。以後不要再拉這種艱深的曲子，我們要從最基礎起步。」

老師平淡的語氣像支針，讓原本飽滿的氣球瞬間洩了氣。我才剛到美國，大提琴老師是改變我命運的重要人物之一。我一心一意希望取悅老師，封老師為神明、奉他說的話為聖旨，但此時心中暗暗不服氣。我不懂，為什麼女生，為什麼亞洲人，就困難重重。老師不知道，其實我不是要當馬友友，我要做的是尤虹文。

考驗的開始

「為什麼句子的最後一個音沒有抖音？你到底在做什麼？」我坐在教室正中央，空氣裡瀰漫著「聖桑協奏曲A小調」的嗚咽，身邊圍繞著二、三十個音樂院的大學生及研究生。在黑輪老師的嚴厲聲中，我真希望自己當場消失，或是有個洞可以藏起來。

黑輪老師非常嚴格認真，試圖重新塑造全新的我。一週一堂個別課，再加上三堂團體課及大師班。每天必須練大提琴至少四到五個小時，週末哪裡都不能去，一大早就去簽名，搶音樂院的琴房練習。

團體課以表演為主，有時是練習曲的精雕細琢，有時則專攻音階基本功夫，和大學部的學生及研究生一同接受指導。所有在台灣打下的功夫，從拿弓、抖音、左右手技巧、對音色的概念、人體和琴的關係，全部必須修正。曾經有同學一年內，老師都不准他練任何新曲子，每天不斷修正練習音階，還有運弓，直到老師認可為止。

嚴師才能出高徒，我一次又一次為無止盡的音樂世界再度震撼。

一塊錢的漢堡

高一下學期的寒冬，克里夫蘭音樂院的地下室。

練琴練到一半，我的肚子餓得咕嚕咕嚕叫，但是三度、六度和八度音階和琶音還是不盡理想。我不想離開琴房，跨過雪地走到自助餐廳買晚餐，這路太遠了。莫非，今天晚餐又沒有著落？

遠處的自動販賣機閃著亮光。我靠近去看，一個冷凍起司夾肉漢堡才一塊美元，太好了。

我一個人坐在販賣機旁邊的藍色椅子，大口吃起「微波漢堡」，便宜又省時間。我打算五分鐘吃完它，趕快再回琴房練習，免得琴房空太久，會被其他同學搶去。

正是晚餐時間，旁邊也坐著一對韓國母女。她們瞧著我，眼神透著一絲憐憫。原來，那位媽媽切好一大盤日式壽司，當作女兒辛苦練習的獎賞。我不想再待下去，口中夾著漢堡，用跑的回琴房。三度、六度、八度音階，我一定要加油。今天要待到十二點，學校關門再回宿舍吧。

相信你自己

高一暑假，夏季音樂節公布名單的那天，音樂院裡每個人都緊張萬分。

在老師的想法裡，即使年紀小的學生暑假也不能回台灣，必須留在美國爭取最有名的音樂節名額，把握琢磨技巧、精進琴藝與表演的機會。

我等在郵件室旁，急忙拆開薄薄的信：「很抱歉，今年我們沒有辦法為您提供名額。祝您音樂的旅途順利。」沒有被知名音樂節錄取。那天晚上，我將拒絕信讀了一遍又一遍，望著天花板徹夜難眠。我花了那麼大的心血，如此辛勤練習，為什麼總是技不如人？

我以為在美國，能夠跟在台灣一樣風光，完全沒料到自己和世界的菁英相較之下，竟然像自由落體般徹底歸零。心灰意冷之餘，我問自己是不是該打道回府了？爸爸媽媽犧牲付出，讓我跑了半個地球來到美國，結果最後只證明了自己是個失敗者？

當我對自己所有的信心都消失殆盡的時候，突然想起爸爸媽媽的話。他們常說：「承受成長的隱隱陣痛時，最信任可靠的人是自己。」假如我對自己都不信任，還有誰能信任我？即使全世界音樂節、大比賽都拒絕我，沒有人相信我可以做到的時候，我也不能放棄自己，永遠不能失去希望。

再冷靜沉思，難道我對音樂的愛僅只於在競爭中拔得

頭籌嗎？還是我有更深遠廣大的想法？音樂之於我，難道是這一封封拒絕信能夠詮釋的嗎？

想起第一次彈奏布拉姆斯時性靈深處的顫動，那才是我學音樂的初衷。即使面臨一而再、再而三的苦澀打擊，我決定，今後不會再讓其他人來剝奪我的信心、動搖我的音樂走向、定位我的人生價值。

這樣的體悟雖然是用許多不服輸的眼淚換來，卻讓我往後的人生旅途不再一味追求無止盡的舞台虛榮，不再痴痴執著於如雲煙的名利勝負。

音樂的轉折點

在黑輪老師的嚴格督促下，我擦乾眼淚，再一次把琴拿起來。我如烏龜賽跑，一步一步向前爬。

高二的時候，上課拉完「卡巴列夫斯基」的協奏曲，我還停留在卡巴列夫斯基的 G 小調世界，鋼琴伴奏老師卻一直對我笑，示意我向前看。黑輪老師站了起來，對我大聲叫好：「你終於懂了！你終於進步了！你的拿弓、你的抖音、樂句歌唱，終於一氣呵成了！」從來沒有看過老師那麼激動，連伴奏都一直點頭叫好，我頓時心花怒放。雖然還無法與其他學長學姐媲

美，但是來日方長。老師曾經勉勵我：「不到最後終點，勝負又有誰能知曉。」

高二暑假那年，我應邀至紐約州的音樂節擔任樂團首席，是樂團最年輕的一員。高三時，先到密西根參加國際競賽，再飛到緬因州知名的室內樂音樂節和大都會歌劇院的首席學習。後年又再飛德州、賓州、密蘇里、科羅拉多演出，並在南加州的音樂節擔任大提琴首席。這些機會，都是十五歲的我無法預見的。夢想，如果中途放棄，永遠不可能實現。

一通電話

在離開克里夫蘭音樂院的很多年以後，黑輪老師還一直關心著我。六年後的某個夏日清晨，電話鈴鈴作響，我看到號碼是從亞斯本打來的（Aspen，美國著名音樂節兼度假勝地）。奇怪，亞斯本現在還是清晨。難道是音樂節總監打電話來？

「虹文，我是大提琴老師。我一大早翻開報紙，就看到你的特大篇幅報導和照片，真是與有榮焉啊！」原來，我在紐約現代美術館的「夏之花園」音樂會完美落幕，演奏佳評和照片再度登上《紐約時報》的藝文版。那天晚上，在場外有雨中排隊等票的觀眾，場內

有觀眾熱情的支持。因為天氣之故，我們在現代美術館雕像花園的內廳演出。

我都還沒看到報紙，黑輪老師就看到了，還第一個打電話來。報導中，紐約華燈初上的眩黃和天空的暗藍，襯著舞台上現代美術館的黑銅雕塑館藏，搭配著閃亮的棕紅色大提琴。

《紐約時報》的評論是全美最嚴苛的，能夠請到樂評親臨現場已屬難得，假如又能博得版面，那真是三生有幸。第一次演出被報導的時候，朋友開玩笑說要我把整份報紙拿去錶框。坦白說，演奏之後，我的神經超緊繃，差點整夜沒睡。

我衷心感謝老師。黑輪老師比誰都明瞭，我這十年一路走來有多少辛酸血淚在其中，有多麼強大的熱情在支撐。如果沒有老師當年的嚴厲，就沒有今天的我。老師的肯定、同行的掌聲，曾經是我深切的冀望。但現在，無論在卡內基廳音樂節獨奏演出或是跟名家合作，我的心態都是「不為個人，只為服侍音樂」。我何其榮幸，可以散播美好，和大家分享藝術的喜樂和幸福。

第二部

自己敲開哈佛的門

很多人問我，你音樂學得好好的，為什麼要申請哈佛？
除了媽媽建議、升學輔導老師的鼓勵，我彷彿聽到自己
心中的呼喊：「試試看吧！如果不試，怎麼知道前頭還
有什麼驚喜等著呢？」

ENTER
TO GROW IN WISDOM

Harvard

10

chapter

.

申請入學第一課

● ● ●

.

踏進高中的第一天，高中部主任帶著我參觀校園，當時曾經走到學校裡一個不起眼的小角落，拜訪負責升學輔導的老師。

那時，我對於大學申請毫無概念，連「升學指導辦公室」（counselor's office）都不知道是什麼東西。心想，升學考考就好了，還要特別的辦公室做啥？

低音管媽媽

升學輔導老師的名字是Ferguson，乍聽起來跟低音

管（Fagotto）很相似。加上老師的女兒也在學校念九年級，所以我偷偷叫升學輔導老師「低音管媽媽」。那時，壓根沒想到這位老師在我將後來申請哈佛大學時，給我的影響和協助竟然這麼大。

第一次與低音管媽媽會面，儘管當時我只是一個剛從外國來的菜鳥，她就問我：「你對於大學有什麼憧憬？你特別對哪一所大學有興趣？父母會希望你留在美國還是回台灣念大學？自己的夢想是什麼？」這些問題，我想都沒想過，根本不知道要如何回答。聊完之後，她鼓勵我有空多查看大學升學書籍，定期跟她安排時間會面等等。

後來我才知道，在美國申請大學，可不是等到高三，考個試、把申請表填好就完成了。深思熟慮和開放溝通是兩個重要關鍵。

低音管媽媽從我的志願、談吐、家庭、升學態度，察看我每學期的成績，留意適合我的大學。從十年級開始給我適度的建議，比如選哪一門課，要不要上大學先修課程，還需要什麼課外活動等。另一方面，我也請教低音管媽媽對於某些大學的看法，進而跟家人商量。每次跟她會面，我事後都會轉述給在台灣的父母。

我知道許多台灣小留學生選擇國三出國，方便銜接美國高中九年級，但是我的父母希望我能從台灣的國中畢業，所以我到美國時已經十年級，兩年後就要寄大學申請書。剛來美國的我，人生地不熟，不僅音樂必須趕進度，連申請大學的事也得同步進行。我之所以能夠後來居上，現在想想，真得歸功於海瑟威布朗女中的完善制度。

升學指導辦公室主要負責的工作如下：了解學生升學意向，與美國各大學聯繫，安排招生說明會或是大學展覽，執筆書寫大學推薦函，以及提供各大學資料，歷屆畢業生大學申請成果。

很幸運的是，我所就讀的高中不論在設備、師資、輔導技巧、應屆畢業生成功升學率、升學政策和課外活動（如科學展、音樂、舞蹈、藝術、運動、戲劇或社區服務）各方面都很上軌道，即使是晚來的台灣留學生，仍有機會名列前茅。學校提供我全力以赴的動力。

與哈佛的第一次接觸

以前，一聽到哈佛大學，腦海中馬上浮現幾個刻板印象：

- 世界名校，排名第一。

- 很有錢的世家貴族子弟才念得起。

- 白人才考得進。

- 天才或是第一名才進得去。

我是黃種人，也不是全校第一名，哈佛對我來說遠在天邊。後來才發現，後面三個印象都是錯誤的。在哈佛大學，有超過六成的學生需要獎學金。錄取學生看重的是個人專長、特色，不是非第一名不可。學生當中有二成是亞裔，其中約一成是非美國公民。

十一年級（高二）的時候，哈佛大學到高中開招生說明會。一看到傳單，我心想不妨聽聽說明會，看看哈佛人長什麼樣子吧。與會的兩位哈佛代表，一位是當地校友珍學姊，看起來精明幹練；另一位是哈佛大學的中西部申請委員會會員瑪格麗特學姊，非常年輕，笑容甜美可愛。

整個會程，我靜靜聆聽。最後開放問答，我大膽問了一個讓同學驚訝萬分的問題。我說：「為什麼哈佛大學

不能比照哥倫比亞大學和茱莉亞音樂院的合作模式，提供表演音樂和學科雙修的課程呢？」

校友會會員無法回答我的提問，只說這是一個值得再探討的問題。（多年後的今天，哈佛已經設立這樣的課程）

這是我和哈佛大學的第一次接觸，當時也以為應該是僅有的一次。

暗戀的大學

除了哈佛大學，其實我心中有幾所心儀的學校。

剛進美國高中，第一年心中最憧憬的學校無非是紐約哥倫比亞大學和茱莉亞音樂院的雙修課程。哥大是詩人徐志摩的母校，小時候音樂班的學長也是哥大的，拍起來的照片有典雅的書卷風。

一年後，我在休士頓的萊斯大學（有「美國南方哈佛大學」之稱）上大提琴課，又迷上了設備新穎的萊斯大學。德州陽光普照，天氣比東北部好太多了。後來，周遭有朋友申請上康乃爾大學。我聽到康乃爾大學有美麗的自然環境，自助餐廳竟然賣台灣擔仔麵，愛吃的我又一心嚮往。

當然，如果要專攻音樂，也可以甄試直升克里夫蘭音樂院的大學部，這曾經也是我的第一志願。

十二年級（高三）學期初，有一次越洋電話中和媽媽聊起申請大學的事，媽媽半開玩笑說：「為什麼你的計畫裡都沒有哈佛大學呢？」

我心想，媽媽很愛做夢，這一次居然夢到哈佛了。但我不忍心馬上毀了她對我的夢幻期待，於是去找低音管媽媽。我想，假如老師的答案是：「不可能，門都沒有。」（No way.）或許會讓媽媽死了這條心，我也比較好交代。

出乎意料的鼓勵

低音管媽媽向以坦誠著名。假如她認為這個同學申請名校沒有希望，從來不會拐彎抹角地勸阻，而是直截了當說，「不用申請，不要浪費錢。」讓不少學生哭哭啼啼離開辦公室。

我想，申請哈佛一事，她一定會大笑三聲，然後把我請出去吧。想不到她非但沒有取笑我，反而安靜地抬起頭，一本正經告訴我：「我等你好久了，你可以考慮申請哈佛大學。」

原本只是為了媽媽的一句玩笑話來請教老師，結果出乎我意料之外，老師竟然大力支持我。我的第一反應是露出狐疑的表情。然後問低音管媽媽：「我的GPA在班上不夠頂尖吧？我不是美國人，不能申請一般獎學金……，學校同學、美國境內、世界各地，比我特別、比我優秀的人太多了……。」

想不到，低音管媽媽還是鼓勵我申請。假如把關嚴格的她對我竟持有希望，或許我可以嘗試看看？驚訝之餘，我腦海中第一次浮現了「申請哈佛」這樣的想法。

很多人問我，你音樂學得好好的，為什麼要申請哈佛？我常不假思索地說，「是媽媽叫我申請的」，或是回答，「升學輔導老師鼓勵我試試看的」。都對，但在內心最深處，其實是我自己做決定的，因為我想看看，自己能不能做到。

踏出低音管媽媽辦公室的那天早上，我側耳傾聽心中微弱的呼喚：「試試看吧！如果不試，怎麼知道前頭還有什麼驚喜在等著呢？」

11
chapter

下定決心申請哈佛

● ● ●

高中三年級上學期，申請作業正如火如荼展開。

前一年，我參加了哈佛校友會舉辦的介紹說明會。與
會學生都是高三的佼佼者，而我這個名不見經傳的高
二生卻在現場大膽舉手提問。事後才知道，哈佛校友
會會員不但沒有因為我問的問題感冒，反倒對我留下
深刻印象。

高三上學期末，校友會再度舉辦座談，地點在克里夫
蘭的溜冰俱樂部。我竟然也在邀請名單上。

但是，活動時間是晚上七點，會場又離宿舍太遙遠，苦於沒有交通工具，我只能放棄參加。說明會的前幾天，哈佛校友知悉我的考量後，特別打電話給我，說可以安排住離我十分鐘車程的「哈佛爺爺」奈先生來接送我。掛掉電話後，校友的用心安排，讓我久久不能忘懷。

溜冰俱樂部開眼界

那天晚上，會場布置得美輪美奐。台上身著西裝的哈佛學長風度翩翩，學姐們演說條理分明，氣質出眾。對於高中時代鮮少社交活動、第一次到溜冰俱樂部的我而言，是個難忘也難得的經驗。

說明會結束後餐敘時，一個眼睛明亮、輪廓非常端正的女孩子前來跟我攀談。原來，她的哥哥今年念哈佛三年級，也是演說者之一。

女孩問我：「你參觀過哈佛大學嗎？」

「沒有。」

「哦？真的嗎？你應該去哈佛校園走走瞧瞧。我不但逛過校園，也跟我哥哥一起旁聽過他的大學課程。」

離開前，她信心滿滿地對我說，她今年一定會上哈佛大學，並歡迎我成為她申請哈佛的對手。我怔了怔，禮貌地回應一聲：「祝你好運，謝謝。」

心想，我憑什麼跟她比？她可以借助哥哥的成功經驗，參考哥哥的做法。而我，只是因為當地校友會好心，才能來參加座談會。能與哈佛第二次接觸，我很知足感恩，絲毫沒有當她是競爭對手的想法。

小小哈佛人

在溜冰俱樂部現場，上次見過面的學姐和她的先生連袂出席。他們兩個小孩活潑好動，會後繞著會場跑來跑去。我和五歲大、戴著一副大大黑色眼鏡的小男孩閒聊起來。

「你身上穿的衣服是什麼啊？」

「是爸爸媽媽買給我的。」

「哇，小小哈佛衣，好酷哦！」

轉過身，他的紅色T恤背後竟然寫著大大的白字「二〇二〇年度，哈佛畢業班」。（Harvard Class of 2020）我不禁啞然失笑。他的爸爸媽媽好有遠見，期望小孩

十七年後從哈佛畢業啊。由此可見，哈佛對一般美國高中生和家長的吸引力，比起來自台灣的我，真是有過之而無不及。

假如小朋友五歲就為哈佛之路做準備，那我高三才來聽說明會，豈不遲得有點離譜？

哈佛爺爺的一席話

離開會場的時候，載我來的哈佛爺爺問我對於今天活動的感想。

我說，「校友會非常用心，謝謝您抽空載我來。」

「那，你一定會投下哈佛的申請書吧？」哈佛爺爺眨了眨眼，笑著問。

我猶豫了一會，想起會場偶遇的女孩。她胸有成竹的笑容，已經深深印在我心中。「我不確定，因為不知道我的資格與實力符不符合哈佛的高標準。」哈佛爺爺這下笑開了。我一臉困惑，心想自己是不是說錯話了。「喔，呵呵，當年我要申請的時候，也曾經以為自己不夠格。但是，人生不就是一場燦爛的實驗，要對自己負責，不要錯過任何機會？」

哈佛爺爺的一番話，觸動了我的心弦。一直以來，即使低音管媽媽激勵我、家人支持我，看到身邊如此強勁優秀的申請者，我的心中仍然存有一絲疑慮。

不過，哈佛大學教育出見識卓越、願意回饋下一代的哈佛爺爺，或許我在哈佛大學可以找到志同道合的朋友？第二次接觸後，我肯定，哈佛人的教育值得我放手一搏去極力爭取。

12
chapter

勇闖天下第一關

● ● ●

說到美國大學學測 SAT（Scholastic Assessment Test），考過的人莫不聞之色變，可說是大家共同的噩夢。

大學三年級暑假，我在加州 Google 總部當暑期顧問。同事跑來跟我說，有位哈佛同學在會議中脫口說出：「Let's ameliorate the situation.」（讓我們來改善情況吧）這句話，大家一時間全愣住三、四秒，然後瘋狂大笑。「ameliorate」（改善）這個字是 SAT 辭彙，文謅謅的，平常人不會隨便用。日常生活裡使用這種字，鐵定會被大家取笑說，「你是不是掉書袋的哈佛人？」

為什麼想到SAT字彙就會聯想到哈佛呢？因為，想進哈佛的第一關就是，SAT要考高分。

什麼是SAT？

SAT是美國大學申請基準測驗，分成英文（Verbal/Critical Reading）、數學（Math）和作文（Writing），各占八百分，總分兩千四百分。

分數愈高，對大學申請愈有幫助。不過，SAT入學考試只是申請大學的一環，就算滿分，也並不保證申請成功。一般而言，要進入常春藤或是頂尖名校，至少要到九十百分位，約為兩千一百分。美國本地一般平均分數大概在一千五百分左右。假如考生考一千五百分，意味著約有一半的人SAT成績比你好。

對台灣學生來說，數學並不困難，作文和英文則極具挑戰性，因為艱難特定的字彙最棘手。

每年申請哈佛大學的高中生，多數都擁有接近完美的SAT高成績。以二〇一一年來說，哈佛大學SAT錄取範圍大約在兩千一百分至兩千四百分左右。

SAT可以重複應考，取最好的一次成績去申請學校，高三上學期初就要完成測驗。不過，記住，SAT千萬

別考太多次——這是我的高中給的建議。一來申請者沒有那麼多時間，二來每隔幾個月花錢考SAT，如果沒有進步，甚至退步，那麼大學都能夠藉由申請單或是主考機構的SSS（student search service）的報告一目瞭然，造成反效果。（SSS是讓美國各大學或獎學金機構藉由SAT或AP分數來尋找適合的學生。學生可以自行決定要不要公開分數）

美國高中的學生為了SAT可說是費盡苦心，沒有身歷其境者無法想像。首先，SAT有個預備測驗，程度稍稍簡易，叫做PSAT（Preliminary SAT，大學測試預備考）。PSAT除了幫助學校老師檢測紀錄八、九、十年級學生的程度，更重要的是，凡在PSAT考試得高分的學生，就有機會入圍全美自一九九五年開辦的獎學金比賽（National Merit Scholarship Program）。

我該怎麼做？

高一開學不到一個月，我完全不知所以地被抓去考PSAT。結果，數學題目專用語有看沒有懂，英文更是慘兮兮，選擇題連選項答案的單字都不認識，只好發揮大猜特猜的功夫。試卷發回來後，如我預期，分數很糟糕，不到滿分的一半。高一的英文老師也不意

外，因為對我這個外來者期望本就不高。

但是，假如PSAT我都不及格，想必SAT更艱難吧。以我的PSAT分數換算SAT計分，任何名校大學的側門都擠不進去。然而我並不慌張，因為那無濟於事。只是開始規劃，如何ameliorate我的分數？我思考了一下目前可能的選項：

選項一、補習。美國有幾家大型SAT補習班，專攻SAT英文、數學策略，也出版成套教材兜售。海瑟威布朗女中也特別請了補習班老師在課後來學校開課。這個做法非常普遍，美國的高中生如果希望SAT進步，都會參加一兩個梯次的補習。

只是，每天下午我必須在音樂院上課、練琴，無法配合高中校方的補習時段，又不能開車，也沒有家人課後接送。猶豫的我，聽過一次補習班的試教就打消補習念頭。以我當時的程度，研讀考試策略仍嫌艱澀，還不如加緊背誦SAT單字更實際一點。另外，補習費用不便宜，我不希望花了父母太多錢，又沒有預期的成果。

選項二、家教。請私人家教到家裡授課，當然是更棒的做法。不必出門，家教會針對弱點對症下藥，不用

在補習班浪費時間。如果我是紐約上東區的貴族小孩，負擔得起高昂的家教費，從幼稚園起就會請家教來補習全套SAT。但我不是，所以這條路當然也不可行。

一切靠自己

我下定決心，自己讀SAT。在許多人的眼裡，我真是異想天開：一個外國學生，PSAT分數低得嚇人，還敢不補習？是不想進大學了嗎？其實，我並不是盲目地自信，而是冷靜分析情況後，找不到合適的選項，只剩下靠自己苦讀一途了。我的個性和讀書的態度，就是仔細評估選項，下決心後全力以赴。到美國讀書、學音樂亦然。

做出抉擇的那一刻，往後一年半我都非常認真。只要做完功課、練好琴，就把所有剩餘時間拿來讀SAT。

當時，同學們流行自製「英文單字卡」（flashcards），把生字寫下來背，但是這方法對我一點幫助也沒有，我直接從《Word Smart》書本背生字。朋友如果有舊的SAT模擬考書籍《10 Real SATs》也會送給我。儘管答案都已被填滿，只要拿紙蓋住答案，就可以再做一次模擬試題。

假如有時間坐公車到大賣場的書店，我也會蹲在地板上，參考所有美國大學入學機構（College Board）出過的考古題。SAT考一次要三到四小時，我算過，到正式考SAT的時候，我已經做過二十套SAT考古題。

由天而降的禮物

我的發憤圖強，竟然連學校老師都察覺。高二有次英文下課後，英文老師桑頓博士趁我準備進圖書館時叫住我，問誰在幫我準備SAT。

老師的關心讓我很難為情，但也只能低下頭據實以告：我只能靠自己讀，因為沒有辦法晚上再從音樂院回來學校上SAT課程，更沒有錢請家教。雖然我經常自己練習模擬考，但英文這科還是盲點重重。考試的時間已經逼近，恐怕來不及。

老師聽了以後，久久不發一語。突然說：「如果在英文課中拿十五分鐘來複習SAT題目，這樣有幫助嗎？」

我的臉上綻放出笑容，剎時覺得有一絲希望能突破英文瓶頸。桑頓老師又說，「你在圖書館讀書時，有任何問題也可以拿來問我，沒有關係的，我願意花額外的時間幫助你。」當下，我不敢相信自己的耳朵。這簡

直就像天上掉下來的禮物，我感激涕零，只能收下。果然，英文老師信守承諾，一有時間就會來圖書館看我的進度，為我解惑，在關鍵時刻助我一臂之力。

至於SAT的作文該如何準備呢？因為時間很短，在二十五分鐘之內要寫出一篇生動的文章，建議先用五分鐘看清楚題目，構思立場（point of view, POV），寫下大綱計畫，再用剩餘時間寫作。一定要先想清楚才開始動筆，大概三到四個段落就足夠。

盡人事，聽天命

多虧老師的加持，讓我的SAT英文在最後一刻突飛猛進。公布成績的那一天，我的總分數比第一次PSAT進步了一千多分，跌破眾人眼鏡。也證明好老師的啟發，比什麼都重要。當然，我迫不及待地跟英文老師報喜，她非常以我為傲。

SAT的考試成績，主辦單位都會一一紀錄。哈佛大學有可能觀察到我兩次SAT分數的巨大變化，把我列入潛力股，決定投資。

事實上，我的分數不算是高分，高中同學考得比我好的大有人在。然而，進步幅度最大的，應該就是我

了。「天助自助者」，分數背後的廢寢忘食，才能真正看出一個人的態度與用心。

到現在，我還是跟桑頓老師保持聯絡，感謝她那一個月的義務幫助，讓我進步神速。

13

chapter

搞定 AP 和 GPA

● ● ●

AP 的全名為「Advanced Placement」，是一系列為高中生設計的三十四門大學先修課程。科目有英文、數學、化學、歷史、生物、物理、心理、經濟、語言、樂理等，程度與大學第一年課程相符。

學生必須於高中正規課程獲得優秀的成績，才會被該科老師推薦修習 AP 課程。修習 AP 的學生，每年年底參加全美 AP 考試，分數評比由一至五，滿分為五分（Extremely Qualified）。考試內容包含選擇、問答和申論題。修 AP 的好處在於，AP 課程比一般高中課程更加

艱難，修完AP者並取得四分或五分，進大學後就可以遞補大學必修學分。

GPA指的是「Grade Point Average」，在校平均總成績，是申請大學時被衡量的一個準則。大部分申請哈佛的學生都是全校第一名，每科全A、GPA最高分的才去申請。

AP絕緣體

剛進海瑟威布朗女中，參加學校自訂的英文和數學測驗後，校方依測驗結果為我排課。結果英文和數學課都被分到十年級的普通班（non-honors）。我以為這樣的測驗結果不錯，至少我的程度是美國十年級生的水平，後來才發現，原來課表大有玄機。

在學校，每個科目都區分為普通正規課程和AP課程。真正頂尖的學生不但跳級上課，每門課都會盡力擠進AP的大門。有些同學從九年級起，不上普通課程，反而一整年有七到八門課都是AP。背包被教科書撐得拉鍊都快拉不起來，就像背著一個裝滿石頭的千斤重擔，奔走在不同的教室之間。

第一年的我，看著同學拿著厚厚教材為AP苦讀，神氣

地走進圖書館接受三到四小時的AP大考，只能望書興嘆。在我的眼中，AP和榮譽畫上等號，而我卻是一個AP「絕緣體」。

終於可以上AP了

直到高中第一年學期末的某一天，同學飛奔過來：「化學老師急著找你。」不知道有什麼事？功課出錯了嗎？

化學老師是學校的鎮校之寶，化學教得一級棒，方方的臉像張撲克牌，但是也有仁慈的一面。我小心翼翼地踏進化學教室，老師坐在實驗室的另一頭，揮手叫我過去。他開門見山說：「我已向學校推薦你上明年的化學AP課程，你考慮一下。」

哇，我竟然也有資格上AP！太棒了，當然要參加。我喜出望外，另外一位跟我化學程度相當的同學卻是一臉苦悶。我問她怎麼了？

「化學老師推薦我明年念AP。」

「那不是很好嗎？恭喜你！」

「一點都不好！」

她堅持不想念AP。我趕緊問她為什麼？她說：「AP課程那麼難，又要花更多時間專精研讀。忙得灰頭土臉不說，假如一年一度的總考試考不到四分或五分，在校平均成績會被拉低，那好學校就甭想進去了。」

我恍然大悟，原來還有這樣一層顧慮，讓我也開始猶豫。但是，究竟該為愛讀書而讀書，還是為第一名而讀書？我花了三天時間思考，還是決意要拿化學AP。一方面想證明自己，另一方面對更深度的化學充滿好奇心，希望可以繼續研讀。

學到飽的高中

我最欣賞海瑟威布朗女中的一點，就是尊重學生個人發展，給學生自己做主的空間。儘管大學先修課程比一般高中課程難上數倍，但只要學生程度好且有意願，學校就會安排全部AP的課表。

AP修完了沒課上，老師非但不會不高興，反而會主動聯絡當地的大學，讓有能力的學生去上更高階的課程，不必受限高中的課程。我有個學妹是數學天才，高二才開學，學校就安排她上研究所的數學課程。我自己也曾經被安排到大學上高階化學課。

第一個推薦我拿大學先修課程的是化學老師，緊接著數學老師也推薦我拿微積分的先修課程。數學先修分成兩級 AB 或 BC，低音管媽媽通常都會建議同學拿比較困難的第二級 BC，在申請大學的時候，課表比較好看。

我知道化學會花掉很多時間，假如數學再拿第二級的 BC，我一定負荷不了。而且，數學老師皮爾斯先生只教 AB 數學，我喜歡老師的教學方法，並不熟悉另外一位教 BC 數學老師的教學情況。數學 AB 上完之後，驚覺自己是對的。我雖然孜孜不倦研讀 AB 數學，但是沒有太感吃力。其他上 BC 數學的同學，個個叫苦連天。加上我和老師已建立了革命情感，最終還請皮爾斯老師幫我寫申請哈佛的推薦函。

< 該怎麼看待AP和GPA？

申請大學的時候，SAT學測分數和成績總平均GPA都必須達到大學的門檻標準。

接下來，評鑑委員會雞蛋裡挑骨頭似地仔細看高中每一年的課程表。選修AP的學生，代表了勇於實現自我。知也無涯，而不是分數無涯的學生，更值得讚賞。

雖然我的GPA不是最高分，課表也不是全AP，但是我的學習態度是不排斥、不賣命，照自己的興趣排課表，日日求新求進步，反而走出屬於自己的一條路。

美國很多高中生為自己設限，不敢上大學先修課程AP，只想念普通課程，有些可惜。不過，當然也應衡量自己的實力來挑選可以負擔的課業，千萬別勉強。

14
chapter

終極考驗 ── 申請書與自傳

● ● ●

已故的蘋果公司創辦人賈伯斯曾說：「人的生命有限，不要浪費時間活在別人的生活裡，不要讓別人的意見淹沒了你內在的微弱聲音。聽從自己內心的呼喚，走向你真正想要的目標，其他事物都是其次。」

如果賈伯斯沒有創辦蘋果公司，我覺得他應該會是很好的作文老師，傳授「如何寫好大學申請書自傳」祕笈，肯定叫好又叫座。

誠懇感人才是王道

有一天下課，曼陀珠胡立佛小姐的教室人擠人，好像低音管媽媽也在裡面，我好奇地上前一探究竟。

原來，是一位卸任的耶魯大學評鑑委員受邀來學校演講，講題為「入學申請書撰寫」。我馬上放棄原先到餐廳吃飯的計畫，決定找個位子好好聽仔細。他舉一個特例說，曾有一篇申請書自傳好到讓所有委員都無條件舉雙手贊成，連申請者的在校成績、SAT分數高低都不在意。

我心想，我的SAT模擬考分數那麼差，應該如法炮製寫幾篇出色的文章。不過，這篇自傳憑什麼這麼成功？是文筆如普立茲獎得主嗎？是文章布局令人嘆為觀止，還是用了很多華麗詞藻？

評鑑委員說，申請者的文字非常簡單，卻真實懇切地描寫成長過程中的兄弟情深，所有在場閱卷的委員一抬起頭，竟發現彼此眼角都泛著淚光。

就這樣？兄弟間的小故事也可以寫到大家感動流淚，然後上名校？這是怎麼回事？

一語驚醒夢中人

高中升大學、大學升研究所，都是人生重要的里程

碑。耶魯委員點醒我，用申請書自傳來審視自己、表達自己，是大學給予每位高三學生，訴說故事的機會。

每個人只要寫一份申請書，評審委員可是要看幾千、幾萬份。（哈佛大學每年有三萬五千份以上的申請書）假如自傳不能令人耳目一新，誰會記得你？所有的紙上資料，例如在校成績GPA、SAT分數，課外活動履歷、得獎經驗，都沒有辦法顯示「你到底是誰」。唯有申請自傳，是大家唯一的機會。

評鑑委員要看的不是普立茲獎得主的筆觸，也不是大文學家的婉麗精切，他們要聆聽的是個人真正的聲音。自傳如同靈魂之窗，讓評鑑委員們得以一窺申請人的內心世界。

用英文爬格子

用英文寫作，最苦的莫過於辭不達意，無從深刻表達內心精微的情感。所以以前我寫英文時，常因為偷懶而流於俗套片語，或者草草了事，甚至不願創新，抄襲一些前人說過的陳腔濫調。

曾經，我寫過一篇自認文情並茂的《哈姆雷特》讀書報告。桑頓老師讀後，意有所指地對我說：「你的英文

寫作大有進展，但還沒有找到自己內心深處的聲音。」我聽了傻眼，心想，英文本來就不是我的「內在語言」啊！難道，要像電影「小美人魚」一樣釋放出裝在貝殼裡的聲音？

直到我寫大學申請自傳時，才體會桑頓老師所指，無關乎英文、中文，而是心中單純的、沒有外在干擾的小小火花。這個聲音，需要不斷尋找、培養，永遠不能放棄。正是《莊子·漁父》所謂：「真者，精誠之至也。不精不誠，不能動人。」

決定題目

為此，海瑟威布朗女中特別請來一位作文老師，開辦「高三寫作中心」。讓正為準備自傳焦頭爛額不已的同學們，感到如釋重負。

大學申請書截止的前幾個月，寫作中心裡人人振筆疾書。我狂讀寫作中心提供的文章範本、參考書，同學一起熱烈商討，也參考學長學姊的意見。然而，我連要寫哪一個題目，都遲遲沒辦法下筆。

心神不寧的我，離開擾嚷的寫作中心，一個人靜了下來。到底什麼人事物才是我最在乎的？我的真實聲音

在哪裡？

最後，我決定用兩個主軸，也是我生命中重要的支撐點：音樂和台灣的家，來寫我的大學申請書。我不再擔心應有的筆觸，也不想在意範文的叮嚀，更不管哈佛要的是什麼。

我只能寫自己最在乎、最親近的事。假如用生命的力量來寫還是不行，就聽天由命了。

不要別人只要你

我以「自我的實現和蛻變」及「生命難忘的時刻」這兩個主題，寫了兩篇約五百字的文章，申請哈佛。

交上去的文章，一次次被寫作老師和桑頓老師退回來。老師提醒，這段沒頭沒尾，那個句子語意不清，這個字不夠鏗鏘有力。短短的五百字文章，進行過二十多次大小幅度的校正，直到每個英文用字、每個句子都推敲再三才通過。

在倒數第二次會面中，桑頓老師眼角蘊含著笑意：「你有能力用英文寫得那麼細膩、清晰，讓我非常意外！」我受寵若驚，也更加發憤。

說實在的，我不知道哈佛要的英文自傳長什麼模樣，
只能讓文字更貼近內心感受。

事實上，的確也沒有所謂的「哈佛文章」。申請者唯一
能做的，就是不假手他人，將最誠摯的想法透過文字
表達出來。

哈佛錄取信裡面，有段話非常耐人尋味：「我們花了
許多心力挑出來的佼佼者，除了傑出的學業和課外專
長，更擁有優秀的品格。」（We took great care to choose
individuals with exceptional character as well as unusual
academic and extracurricular strengths.）

哈佛音樂教授、名鋼琴家羅伯・列文教授（Robert
Levin）曾經跟我說過：「每一個人，甚至你身邊最親
近的人，都有可能不小心掩埋、踩壞、澆熄你心中的
火焰。你以為你的聲音在這喧囂擾嚷的世界裡微不足
道，但是，不要放棄，持續尋找你最深刻的內心聲
音。」是啊，每個人生來都是獨一無二。你的文字、
你的自傳，不屬於爸爸媽媽，不屬於老師，不屬於你
最好的朋友，是你專屬的、與生俱來的權利。

學業跟課外專長或許可以從紙上一探究竟，但是優秀
的品格如何從成績、從一張張的白紙黑字表露無遺？

只能透過「自傳」，讓審查委員深入了解申請人的特殊性。

我走過寂靜的旅程，開始探尋自我聲音。撰寫哈佛自傳是申請大學的一小步，卻是我人生的一大步。

＜ 申請書自傳大補帖

不論以後要念醫科、文科、理工、商學，還是社會科學，哈佛大學申請書的自傳題目都一樣。以下是六個題目選項：

一、自我的實現和蛻變。Evaluate a significant experience, achievement, risk you have taken, or ethical dilemma you have faced and its impact on you.

二、特別的觀點。Discuss some issue of personal, local, national, or international concern and its importance to you.

三、誰對你影響最深？Indicate a person who has had a significant influence on you, and describe that influence.

四、什麼對你影響最深？Describe a character in fiction,

a historical figure, or a creative work (as in art, music, science, etc,) that has had an influence on you, and explain that influence.

五、經驗之歌。A range of academic interests, personal perspectives, and life experiences adds much to the educational mix. Given your personal background, describe an experience that illustrates what you would bring to the diversity in a college community or an encounter that demonstrated the importance of diversity to you.

六、自訂。Topic of your choice.

有些申請者想要補充第二篇，參考題目如下：

七、生命難忘的時刻。Unusual circumstances in your life or travel experiences in other countries or books that have most affected you or an academic experience (course, project, paper or research topic) that has meant the most to you or a list of books you have read during the past twelve months.

哈佛申請書表格

http://www.admissions.college.harvard.edu/apply/forms/index.html

15

chapter

面試停看聽

● ● ●

送出申請書大概兩個月後，哈佛校友會和我聯絡，通知面試的時間和地點。

面試是申請程序中，最無法掌握、最主觀的一輪。剛開始，我也和同學們一樣窮緊張：到底面試官會問什麼問題？怎麼回應才能凸顯我的優點，讓哈佛面試官對我另眼相看？

其實，面試不是考試，是人與人之間契合的過程。哈佛爺爺說，面試最關鍵的不是從口中說出來的詞句，

而是從耳朵聽到的隻字片語。我把這個永恆的真理叫做「面試停看聽」。

哈佛爺爺提醒，面試官的經驗都很豐富，閱人無數，能夠得到面試的機會，其實就不需要再急著證明自己。反而，應該停下來觀察面試官，聽他問什麼問題，有什麼話要和自己分享。甚至也可以利用面試的機會來反問面試官，更多關於哈佛大學的訊息。

在面試的尾聲，面試官一定會問面試者，「你還有什麼問題要問我嗎？」這個時候，一定要誠懇地問一個具代表性的問題。

糟了，我遲到三十分鐘

事前有貴人提供如此精闢的見解，面試前一天果然一夜好眠，睡得安安穩穩。無奈，人算不如天算，面試當天大雪紛飛，加上計程車弄錯時間，我非常晚才到達面試現場。一顆心頓時七上八下，心想，面試官還會等我嗎？總之，這下鐵定完蛋了。

到了會場，門一開，是位和藹可親的女士來招呼我。儘管此刻我心亂如麻，但還是強作鎮定，頻頻抬頭，希望能從她的表情看出一點蛛絲馬跡。

坐定後，面試官請我喝熱茶，暖了身子也暖了心，輕鬆地打開話匣子，這才發現我們有許多共通點。慢慢地，我也不再為自己遲到的大錯感到焦慮。

面試官和她的哥哥同是哈佛畢業生，也是業餘鋼琴家。於是，我們談到「柴可夫斯基第一號鋼琴協奏曲」、美國五大交響樂團、她愛看的書籍、她在哈佛的主修，以及我在音樂院的學習……，無所不談。

回想起來，我還是主動聆聽的多，而且問了許多問題。短短四十五分鐘，面試官的身家背景都被我調查得一清二楚了。

面試進行到一半，面試官突然話鋒一轉，問我：「你對就讀女校的看法為何？」

我怔了一會兒，從來沒有想過這個問題，三秒內還是回答道：「許多人或許會爭辯男女合校或分校的優缺點，但是我在高中認真學習，回到音樂院又接觸來自世界各地的男性或女性音樂家，沒有考慮過我念的高中是女校還是男女合校。」

時間一下子就過去，面試官對我的評價是高是低再也不是重點，因為我們一起度過了愉快的四十五分鐘。

對此，我歡喜莫名。

問面試官的問題

臨走前，哈佛面試官問我有沒有什麼問題想問，我想了想，回答：「請問，您談到在哈佛度過充實的大學歲月。但是念完哈佛，畢業的那一刻，您有沒有什麼遺憾？如果重來一次，您會做什麼改變？」

她似乎很驚訝我問了這樣一個艱難的問題。思考良久，才說：「我在念書時，太專注於自己的主修，我唯一希望做的改變，就是多去接觸其他科系的課程。」

我點點頭，將她的建議牢記在心裡，我的哈佛面試在和樂的氣氛中結束。

當然，面試結束後，我還是深信自己上不了哈佛，因為其他同學的面試故事一樣精彩。例如，有位同學和面試官相談甚歡，甚至因此延誤了後面同學的面試時間；另一位同學，面試官還建議她大學可以主修什麼科目，好像她一定上得了哈佛似的。

後來我們都察覺，好的面試似乎並不保證一定上得了大學；自以為搞砸的面試，也不一定就沒有希望。一定要支撐到最後一刻，結果才真正揭曉。

＜ 面試並非絕對必要

事實上，哈佛面試可有可無，尤其對於其他國家的學生來說，面試並非申請程序中的必要過程，只是哈佛大學為預防遺珠之憾的變通做法。大家可以積極爭取面試機會，但是面試時，不用過度緊張和憂慮，只要人如其實，誠懇應答即可。

當地校友會若願意支援母校，申請者也可以就近面試，不需要花錢親自飛到哈佛面試。

16

chapter

獎學金與推薦函

● ● ●

記得高一時，第一次看到常春藤盟校的學費，幾乎都是四萬到六萬美金之譜，嚇了一大跳！我的爸媽為了孩子的教育固然不惜重資，但是這個數字還真是負擔不起。

讓人洩氣的現況

之前提過美國最大的獎學金比賽，藉由PSAT篩選，從全美一百五十萬學生中選出最高分的五萬人。我的PSAT分數慘不忍睹，這個篩選根本沾不上邊。

在那五萬人當中，有一萬六千人會被選拔為複賽代表。複賽代表可以任選兩所大學，獎學金單位就會推薦他們入學。身為獎學金複賽代表的資格，在高中履歷表上是項極大的殊榮。

在一萬六千名複賽代表中，只有八千人進入決賽，有希望贏得獎學金比賽。我的高中同學中，有決賽者，也有通過複賽的同學。

美國籍的同學可以申請美國聯邦政府或州政府的獎學金，但是身為外國人的我並不符合資格。許多學術獎學金的簡介傳單，第一句話經常是「美國公民才有資格申請」，令我十分洩氣。

高中時，有次哥倫比亞大學到校園舉辦說明會。等我下課趕到的時候，正式說明會早已結束。還好，有些同學排隊等著請教「入學官」。我排在最後面，心裡面有一個很重要的問題，希望他可以幫我解答。

終於輪到我了。他一邊收拾公事包，一邊讓我發問：「您所屬的大學願不願意提供獎學金給非本國公民呢？」

他回答說：「哦，這個嘛，如果你是非美國公民，獎

學金部分不可能由政府提供，會直接由學校的經費撥出。不過，我必須誠實以告，我們的經費非常有限，國際學生間的競爭非常激烈，除非你是全世界最頂尖的學生，我們不太可能提供獎學金。所以你在申請前，最好多加考慮家庭財務狀況能不能負擔得起學費。」

回答完，他匆匆離開，卻掩飾不了一臉的憐憫和無奈。我低著頭，心想，國籍的不同、家庭財務狀況，對受教權竟有這麼大的影響？「有教無類」只是孔子的理想嗎？

不過，天下無難事，只怕有心人。我相信生命自會找到出口，上天一定會再給我一條出路。

哈佛的承諾

等到高二哈佛來辦說明會時，我想，每所大學對於獎學金都會有同樣的回覆，我連問都不必問了。

這次，倒是另一位同學問起哈佛獎學金如何申請。哈佛大學的回答，讓我又驚又喜：「我們對於本國生、外國生一視同仁，沒有差別。而且，我們不在乎你的家庭財務狀況。只要你有能力進哈佛，父母無法負擔的

部分，學校願意提供獎學金（貸款、學校工讀和補助）給學生。另外，我們的評鑑委員不同於獎學金頒發委員，是兩種不同的作業。我們不會因為你未來進哈佛可能需要獎學金，而對你的申請文件有不同看法。」

沒錯，哈佛每年願意提供獎學金，而且本國和外國學生一視同仁。這份承諾，在我最後申請哈佛時，有著決定性的影響。

推薦函的迷思

申請大學至少需要兩封推薦函，加上升學輔導老師的評估表。有些同學找到赫赫有名的政治人物、企業家、作家來幫他們寫第四封、第五封的推薦函，希望大學會對他們的申請書另眼看待，其實不盡然。

我在美國才兩年，認識的人不多，申請時只有三個推薦人，全部是學校老師。我心想，找真正認識自己的人，請他們寫真情至性的推薦函，效果可能更好。

擇選推薦者一定要謹慎，因為這也代表了一個人的判斷能力。學校建議，最好選高二的老師，因為他們對我的印象最新鮮、最深刻。

本來我可以請化學老師幫我寫推薦信，因為我的化學

< 如何申請獎學金？

獎學金的申請和大學申請是兩邊分開進行的步驟，每
年二月底截止。國際學生申請哈佛獎學金，需要繳交
以下文件：

學生本人的財務報表
父母親的所得稅申報單
商業／農場申報單
房地產或信託證明

假如有什麼特殊狀況，也可以於表格外，附帶一封
信，跟學校仔細說明。

哈佛獎學金申請表

http://isites.harvard.edu/fs/docs/icb.topic555686.files/
Prospective%20Student%20App%20Instruct%20Foreign_
ALTERNATE.pdf

成績一直非常優異，和老師兩年來感情融洽。我也上過校長基督先生的英文課，很崇拜校長對英文戲劇學的解析。據說，許多同學選修校長的課，就是希望認識校長，進而請他寫大學的推薦函，畢竟校長比老師更有分量。

深思熟慮後，我決定請英文老師桑頓博士當我的推薦人。英文老師站在第一線，看到我在英文方面下的苦心，經由寫作和SAT，我們有許多相處機會。儘管我的英文成就遠不如我在化學上的表現，但成績不是一切。英文老師或許沒有校長的權勢，但是她更清楚我的特質與人格，自然是我的最佳人選。

除了英文老師外，我的另外兩位推薦人是低音管媽媽和微積分老師。

感謝老師的用心

寫推薦函好比寫一篇文章，用字遣詞非常重要，才能在五、六萬封推薦函中讓評審委員留下難忘的印象。很多學校甚至會在暑期安排老師進修「如何書寫出類拔萃的推薦函」之類的課程。

老師同意書寫推薦函後，會排定時間和學生單獨會

面。在三十分鐘的會面裡，誠心地跟學生溝通，詢問學生為什麼選擇自己推薦？希望自己在推薦函中著重哪些特點，或是著墨於哪些小故事？會面溝通結束後，學生就必須信任老師，不可要求察看老師寫的推薦函內容。

只要給老師充裕的時間，老師們都很樂意騰出精力與時間為學生書寫推薦函。學生的成功，老師自是與有榮焉；學生的前途和老師的快樂是緊緊相繫的。例如，低音管媽媽特別跟我要電話，致電我的大提琴教授，希望了解黑輪老師對我的評價，再從中琢磨，寫出最能代表我實力的推薦函。微積分老師也曾經跟他的太太一起趕來音樂院聽我的獨奏會。

英文老師跟我會面時，我心想，「老師你都認識我了，還需要談什麼呢？趕快寫寫就好了啊。」但是老師非常盡責，問的問題鉅細靡遺，包括我在台灣的家庭、我的音樂、我對大學先修英文課的看法、我最喜歡的詩人等等。結束前，老師問，假設我上了哈佛，那音樂怎麼辦？我還會繼續練習大提琴嗎？

這我倒是沒想過，坦誠跟老師說，我也有我的猶豫，但是我相信，音樂永遠是我生命的一部分。

從我們的對話中，我真心感受到，老師寫推薦函，想的真是又深又遠。三封親筆推薦函裡面的字字句句都是老師的用心。直到今天，想起三位老師，我的心還是有如被冬陽曬過的棉被，滿是暖烘烘的溫馨。

< 如何找到合適的大學推薦人？

一、找你信任的推薦人，而且相處時間超過一年。
二、推薦人一定要有足夠的時間書寫（三到四個月）。
三、先跟推薦人會面溝通，了解彼此的需求。
四、推薦人必須跟你站在同一陣線，你能否上大學對他來說比對你還重要。
五、推薦人的文筆必須有一定水準。

17
chapter

慢半拍的新鮮人

● ● ●

高三那年的聖誕節，家家戶戶熱鬧的晚餐時間，宿舍裡安靜到連一根針掉到地上都聽得見。

整棟樓只有一個房間燈火通明。當時，我正身陷水深火熱之中，想回台灣，卻哪裡都不能去。既要打點申請哈佛大學的各樣文件，又要練習音樂院直升大學部的甄試曲目。

我邊數著文件，邊自己打勾。SAT成績、SATII科目成績、報名表、哈佛附件、申請費用、自傳、成績單、

音樂履歷表……，厚厚一疊，大功告成。探頭望向窗外，飄灑的雪花，好像有人搓揉出成千上萬的白色細小碎紙。

寄出申請包裹的那一刻

遠處傳來小義大利區聖母教堂的鐘聲。一個人的耶誕夜裡，伴著合唱團詠唱的平安夜歌聲，彷彿能聽到最謙卑的祈求。積雪那麼深，我走得到郵局寄包裹嗎？回頭的路，不知還能不能認出雪中留下的一個個腳印？

從小在台灣念音樂班的我一心想當演奏家，出國原本是為了跟美國知名的大提琴教授學習。合情合理的推論，我理應就讀音樂院。畢竟，演奏家有必要上正規大學嗎？直升大學部音樂系，我一、兩年就可以畢業，然後專注於演奏生涯。身邊不乏音樂院的學長學姐，拒名校於千里之外。他們就算申請上了哈佛也不會去，因為害怕念了哈佛就不能拉琴，無法繼續走音樂的路。

同時，有另一方的聲音主張：音樂家，難道不能走出音樂院的殿堂嗎？演奏家的培養僅只於學院訓練嗎？

或是，聰明會讀書的小孩幹嘛去念音樂、念藝術、念戲劇、念電影，太浪費了，還是去念正規的大學吧。

各方聲音交戰，我不確定什麼才能打動我的心。但寄出哈佛申請包裹的那一刻，心裡只想著，希望自己三年來的心血沒有白費，無負我自己。

我真的辦到了！

美國大學申請書寄出後，三個月後才放榜。這段時間，一顆等待的心好似懸在空中的氣球，飄浮不定。

三月末，陸續聽到同學的喜訊。低音管媽媽辦公室外面貼了一張美國大地圖，同學的名字連同申請上的大學，都用彩色圖釘一一標於所在的城市 —— 安妮上了芝加哥大學；克莉斯汀上了史丹福；娜娜確定要去普林斯頓大學⋯⋯。

我從密西根表演回來，心情愈來愈緊繃，看著地圖發慌。人人都有歸宿了嗎？

我從宿舍郵件室悶悶地走回房間，還是沒有消息，明明這幾天大家都陸續知道結果了。

室友不在，連個可以聊聊的對象也沒有。打開email信

箱，竟然接到一封署名來自哈佛的信。天啊，這一刻
終於來臨！「親愛的尤小姐，我很高興地通知你……」
信的開頭寫的是，「很高興通知你」（I am delighted to
inform you），不是「很遺憾通知你」，是不是我被錄
取了？天啊，我真的辦到了！

求求你，哈佛大學，不要搞錯電子郵件地址，把別人
的錄取通知誤寄到我的電郵信箱。直到幾天後收到正
式錄取包裹信函，上頭蓋著哈佛大學堂皇的校印，我
才真的相信。

我迫不及待地打電話向父母親報喜。他們半信半疑，
哈佛大學這種高不可攀的學校、電影「金髮尤物」念
的學校，竟然錄取我們的小孩？媽媽那天晚上徹夜未
眠，因為獎學金還沒著落，學費實在太貴了，是不是
要貸款來念大學？所幸，獎學金的信隨後就到，很開
心可以讓家人沒有後顧之憂，不用為了我一人上哈佛
而貸款。

第一次參觀校園

很快地，當地的哈佛校友會緊鑼密鼓地與我聯絡，願
意幫我解答任何的問題。黑輪教授也打電話給我，他
本來希望我能夠繼續留在音樂院大學部，但是如果我

下定決心要去念哈佛，他也不能藏私，會支持我的決定。

只剩下一個月的時間，五月一日我就要正式回覆哈佛大學。

多數高中同學都會利用暑假和家人一同造訪大學校園，而我始終沒有機會見到哈佛的廬山真面目。

四月中，哈佛大學依傳統舉辦新生迎接會（Camp Harvard/ Visitas），所有新錄取的高中生（pre-frosh）可以利用週末來哈佛大學上課、住宿、認識學長姐及新同學，體驗新生的生活。當天，我恰巧有一場音樂會，學校因此通融我提前一週到哈佛大學看環境。由校友會和入學官安排，請一位大一的學姐當引導。

造訪的那個週末剛好下大雨，劍橋又冷又濕，我被冷風吹得興致全失。哈佛爺爺之前就說，劍橋在陽光中美不勝收，但是四月陰雨的劍橋讓人不敢領教。

我旁聽了一節邁可‧桑德爾（Michael Sandel）的「正義課」（Justice），匆匆參觀校園和大一宿舍後，第二天就飛回克里夫蘭，連對岸的波士頓古城也無心遊覽。

對於未來四年的惶恐

不論在情感或理智層面，週末短短的哈佛參訪讓我對未來四年更惶恐。雖然哈佛為我打開大門，但我並不明瞭成為哈佛人的真諦何在。

我花了時間申請，也很幸運申請到，但是申請大學跟去念大學是兩回事。申請的過程雖然漫長，有歡笑，也有汗水；但是大學，人生寶貴的四年，讓我不禁想了又想，我在哪裡會最幸福？

如果去念哈佛，代表人生另外一次巨變。不過三年前，我才從台灣搬來美國，逐漸適應了環境，難道又要被丟到新城市，去接觸一群全新的同學、熟悉新的一切，挑戰人生新的里程碑？

愛質問的我，當然不會放棄任何機會詢問自己：成為人人稱羨的哈佛畢業生，於我個人的人生，有這麼重要嗎？我的內心開始抗拒，我開始恐慌。哈佛入學官（admissions officer）由電話裡得知，我有一定程度上的質疑和不安，不給我壓力，也不逼迫我馬上簽字入學。

送自己一個大禮

我的貴人哈佛爺爺得知我的猶豫後，建議我可以用「順延就學一年」（defer enrollment）的方式保留學籍，

給自己多一點時間，送自己一個大禮。

原來，當年哈佛爺爺被錄取後，也不想馬上念哈佛，於是採取順延就學一年的方式，一個人到世界各地邊做公益邊壯遊。哈佛爺爺說，這是他做過最對的一件事。

對我來說，真是前所未聞，無比震撼。

原本我是二〇〇七年的畢業學生，學校卻願意為我保留資格，甚至保留我的所有獎學金，讓我成為二〇〇八年的畢業生。我只要寫一封文情並茂的信給哈佛大學，詳細報告我為什麼需要順延就學，還有順延就學的年度計畫，學校審視後批准即可。

哈佛了解到，有些學生在申請過程中，累積了許多來自父母和學校的強大壓力，即使申請上了，還是無法讓心情放鬆。有了「順延就學一年」這寶貴的緩衝期，就能讓他們緊繃的神經舒緩，為未來的哈佛四年儲備能量。畢竟上了哈佛大學，壓力只會比高中更大。

哈佛應屆順延就學的學生，或許到窮苦的非洲國家做公益，或許於著名實驗室做科學研究，或許成立自己的公司，或許加入軍隊，又或許在美國的社區做義務

教育。

我決定，要用一年的時間來精進琴藝，我參加弦樂大賽、開了三場獨奏會，並與美國五大知名的克里夫蘭交響樂團團員合作演出。赫赫有名的卡維尼弦樂四重奏，更選拔我演出蕭士塔高維契四重奏。

在克里夫蘭，我第一次搬進了自己的公寓，沒有表演的日子就跟好友一同煮台灣菜，和哈佛校友保持聯繫。我也到當地的大學選修近代音樂史、十二音列理論，以及文藝復興音樂史，甚至加選了經濟學。我在經濟學課程中成績良好，也特別喜歡經濟學的邏輯思考模式，這是我後來到哈佛選讀經濟系的原因。

18
chapter

因為暫停，更明白上大學的真義

● ● ●

一張張完美的高中畢業合照，所有的同學穿著耀眼的拖地長白紗禮服，獨獨我缺席。此刻，我正在密蘇里州聖路易斯市交響樂團的音樂節，演出「德佛札克的鋼琴五重奏」。

高三的最後一個月，如紡織機中穿過的梭子快速滑過。哈佛參訪、新生茶會、被提名為高中畢業生最高榮譽協會的會員（Cum Laude Society Induction）、獲得克里夫蘭音樂院的「青年藝術家」文憑。

當我決定不參加高中畢業典禮的時候，心情是猶豫的。但是，大提琴演出機會讓我無法抗拒。

學期終，低音管媽媽在辦公室外面攔住我，問我會不會參加六月的畢業典禮。我直言，必須參與音樂節的表演。不知為什麼，我又補了一句：「反正我的爸爸媽媽在台灣，他們也不會在場。」

低音管媽媽馬上接口說，「但是我們都會出席啊！我們是一路看著你成長的老師，也很希望看著你從高中校門畢業。」

低音管媽媽一臉認真的表情，讓我很想抱住她，跟她說聲：「老師，謝謝您。」

真正的自由

回首這三年來，最大的收穫就是讓我學會怎麼去存活，怎麼去開啟「從零開始」的人生。

人生有一定的步伐、一定的曲線、一定的方向。我們常常想握緊、想抓住自以為擁有的一切人事物。而回歸零點，甚至走到負數，常令人恐懼不已。

在音樂領域裡跌得鼻青臉腫，讓我不知所措；入學預

備考試PSAT看不懂，讓我不知所措；沒有父母的家長會，讓我不知所措。不知所措的原因，是因為沒有人可以測知，到底我掉入的深淵是不是無底洞？我走進的陰影還有多麼漫長？

沒有人能送我一本《從零開始的人生手冊》，來引導我每一個步驟。我急著想知道，要等多久，低谷之後再見光亮？我可不可以再一次爬起來，再一次從無到有，打造在美國的人生？

一切從零開始，是危機，也是轉機。因為一下子什麼都沒了，只能拚命努力；因為一下子什麼都沒了，擁有的東西才會感恩珍惜；因為一下子什麼都沒了，才懂「什麼都沒有」是這般滋味。

直到有一天，我突然發現，原來什麼都沒有，也許是一種祝福、一種解脫；什麼都沒有，才有真正的自由。那時，就是我踏出步伐、前往哈佛的時候。

為了自己走進哈佛

順延一年就學的我，彷彿水到渠成，不再疑惑，因為我已真正領悟到上大學、念名校的意義。

這一年間，在苦練琴藝、大賽晉級總決賽、音樂會成

功演出之餘，我非但一點都不滿足，反而希望求知，渴望更上一層樓。我想要走出專職演奏音樂的象牙塔，與不曾有機會接觸到的人事物相遇、學習，與世界菁英們並肩朝學術殿堂邁進。

這份珍貴的體會，不是在任何人的逼迫下而領悟，更沒有人可以為我完成夢想。我再也聽不到來自各方的聲音。我知道，我不是為了找工作，不是是為了父母，不是為了榮耀，不是為了名利，而是為了我自己，走進哈佛大學的大門。

感謝哈佛、父母的成全，雖然比大家晚一年入學，雖然經過一番曲折後才明白上大學的道理 —— 大學教育是生命最寶貴的歲月，在追求真理的路途上，我不要靜視幽幽的池水，我要點燃知識的星星火苗。

那一年，低音管媽媽在地圖上放了兩個我的圖釘，上面寫著：「音樂家／哈佛慢半拍，二○○四年秋天入學。」

再一次起飛

二○○四年秋天，空氣是九月一貫的清冽。克里夫蘭機場候機室裡，我靜靜地等待。

剛從加州聖塔芭芭拉表演回來，我整理好所有行李，停留兩天後，即將飛往波士頓。望向窗外的一大片天空，湛藍的顏色好像能擠出水珠來。

旁邊一對友善的美國老夫婦對我充滿興趣，睜大眼睛看著我：「你自己帶著大提琴，要去波士頓什麼地方啊？」我微笑不語，想起上一次造訪哈佛，總圖書館旁邊的側門頂端，刻著一句沒有仔細看不會注意的話：「Enter to grow in wisdom.」（進門吧，你的智慧即將增長）於是，我在心中暗自許下承諾：「這次，我要去哈佛大學尋找自己，尋找智慧的泉源！」

第三部

我的家永遠在台灣

每個人都希望有一個的堅固的家園。那麼，我的家究竟
在何方？現在的我，其實還是沒找到答案。然而追尋答
案的過程不就是成長、就是收穫嗎？我永遠不會忘記，
我來自台灣；台灣是我的故鄉，我音樂的原鄉。

19

chapter

當東方遇見西方

● ● ●

東方與西方文化交會了千百年，然而長於台灣、受教
於美國的我，直到十五歲才真正親自體會東西方文化
的矛盾和衝擊。

別忘了你的根

人在國外的時候，媽媽經常提醒「別忘了你的根、你
的文化」。只有漂泊在異鄉的遊子，才能感受那份不確
定感。在東方教養和西方教育的衝擊下，我必須廢寢
忘食，才能一鳴驚人。我不再寫中文日記，以為只要

英文比美國人強，就不會那麼想念台灣的點滴。因為要適應美國的生活，我學會為自己爭取權益，學會強迫自己大方舉手。為了在異鄉走下去，我把對台灣的思念，對爸爸、媽媽、弟弟、奶奶的愛偷偷藏在我心最深處，看不見也聽不到的地方。

生命雖然帶給我許多難得的機會：令人稱羨的際遇、圓滿的夢想、表演的機會，但是離開台灣的日子，我也曾經思索：到底我該像其他新移民試著融入美國文化，還是盡快學成回台灣？我應該緊緊看守著台灣文化，不要讓對家人的思念隨風飄去，還是在不同文化衝擊擦撞的火花中，找尋自己新生命的定位？

尋尋覓覓中，每個人都希望有一個堅固的家園。那麼，我的家究竟在何方？

尋找東西方的交會點

第一次回台灣過暑假，不到兩個星期就要回美國。因為遇上颱風，航空公司通知必須提前四小時搭遊覽車到桃園趕美國的班機。不知道為什麼，接完航空公司的電話，我的眼眶就忍不住泛紅，因為我連在台灣這個家多待幾個小時，都眷戀不已。

在異鄉度過高中三年，靜寂暮色裡，暈黃的萬家燈火，點亮克里夫蘭無極的黑夜。

但是我不知道，自己的燈火在哪裡？我走了好遠好長的路，踏過異國的雪城，飛越月光仰泳的海洋。但是，東方和西方的交會處在哪裡？

美國總統歐巴馬曾經說過：「唯一能夠撫慰孤獨心靈的方法，就是學習吸收不同的種族階級、不同的文化、不同的傳統，讓他們變成我，我變成他們。」這是我該做的嗎？假如我不斷學習，是否可以跨越兩大文明的鴻溝，取得平衡？

現在的我，其實還是沒找到答案，但，追尋答案的過程，不就是成長、不就是收穫嗎？我永遠不會忘記，我來自台灣，台灣是我的故鄉，我音樂的原鄉。

20
chapter

愛的力量

● ● ●

有位哈佛同學的媽媽問過我,「為什麼你的爸爸媽媽願意讓你那麼小就出國呢?我好愛好愛我的兒女,絕對不能忍受他們離開我。讓孩子自己到那麼遙遠的地方念書,一年和家人相聚不到兩個星期好可憐喔。」

言下之意,好像我的爸爸媽媽很狠心,送我單飛到一個父母都不熟悉的國度,

我回答她說:「我想,這是他們愛我的方式吧。他們忍痛犧牲,賦予我最大的自由與空間。」

即使到今天，我還是不確定我的回答正不正確，因為每一個家庭、每一對父母，都有不同的考量。但是我知道，奶奶、爸爸、媽媽、弟弟對我的愛，從來不曾因為時空的轉移而減少。每次媽媽寄信給我，總是說：「台灣有敬愛你的弟弟，更有摯愛你的雙親。永永遠遠愛你，我們的寶貝！」

他們對我的信心，從來不曾動搖。他們如此信任我，才放心讓我出國。因為他們從未對我的未來、我的主修、我的職業生涯、我的心之所繫，有過當的規劃或干涉，才讓我能夠展翅高飛。

平常心的爸爸、媽媽說過：「無忝所生，好自為之」這句話，這就是他們對我的信任。因為他們的愛和信心，我才能找到自己。這段經歷對我最深的影響，就是見證了父母家人對我的愛和執著。

南部豔陽下長大的孩子

回想我的童年時光，總是充滿鋼琴音樂、童話書本、學習錄音帶，嘻笑玩耍、長輩的呵護疼愛，以及南台灣終年燦爛的陽光。我的家庭背景就如一般的中產家庭，親子關係良好，父母重視孩子的教育。

我的出生帶給家人無限的喜悅。嬰兒時期的我，骨碌碌的眼睛、菱角般的小嘴非常討人喜歡，大家都搶著抱我。兩年後媽媽生了弟弟，爸爸高興得合不攏嘴，開玩笑說我應該叫做「尤招弟」。

我們一家住在高雄一間舊公寓的三樓。爸爸是公務員，媽媽在高職任教。爸爸是家中老么，順利成家後，奶奶為了還願從此終生茹素。我的奶奶像候鳥般地遷徙，冬天來高雄和我們在一起，夏天在台北跟經商的伯父住。

小時候，每天下午三、四點，弟弟和我會從窗戶探出頭來，四處搜尋麥芽糖叔叔的叫賣聲，吵著想吃又甜又黏的麥芽糖。準時經過的麥芽糖機車，叮叮噹噹的瓶瓶鋁罐裡，「有甜也有鹹」，裝著濃濃的回憶。

幼稚園小班的某一天，我站在高椅子上神氣地跟家人宣布：我以後要念高雄女中。其實我連雄女是什麼都不知道，只是因為我的幼稚園在雄女對面，所以一心認定那是我未來的理想學校，讓爸爸媽媽哭笑不得。

小學一年級，星期三是我最喜歡的日子。中午一到，我會第一個衝下樓梯，滿心期待奶奶送來熱騰騰的水餃便當。放學時間，奶奶接我從不遲到，等在大門

口，大手緊緊牽著小手，我們祖孫緩緩散步回家。

很多年以後我才知道，如此安逸快樂的童年，是祖先的遺蔭、親人汗水的累積；幸福家庭的背後推手，有奶奶的獨立自主、含辛茹苦；有外公外婆的離鄉背井，打拚奮鬥；還有爸爸媽媽不遺餘力的苦心栽培。

很多年以後我才知道，一旦揮別童年，人生的方向和步伐便難以預料。我連雄女都沒有報考，就離開台灣，和我最摯愛的家人分別。

很多年以後，我在世界的另一端，忍著冰雪嚴寒，不斷提醒自己，「不要忘記，我是一個台灣南部的孩子。」從高雄到哈佛，從台灣到美國，我永遠是熾焰太陽下長大的孩子。為此，我打從心底湧出無比的驕傲和自豪。

21
chapter

一頭栽進古典樂

● ● ●

我是個聽奶奶唱「搖囝仔歌」搖大的小孩，因緣際會，竟一頭栽入西方古典音樂的世界。

爸爸媽媽連五線譜都不太會看，但是他們竭盡全力培養我的各項才華。他們總說，錢財是身外之物，寧願不給嫁妝、不留財產，只盼望我能有一身本事。

用鋼琴躲貓貓

四歲時，媽媽發現我的表演欲非常強烈，幫我報名坊間的兒童音樂才藝班。不久，買下一台直立式鋼琴，

後來又讓我學小提琴和大提琴。對我來說，音樂的學習之路充滿了磨練和驚喜。

依稀記得，我每天問媽媽，「鋼琴什麼時候才要送來？鋼琴什麼時候才到？」迫不及待地，不是那天籟般的琴聲，而是下次跟弟弟玩躲貓貓時，鋼琴下面的空間正好可以用來躲藏。

剛開始學琴的時候，因為腳還不夠長，我必須費一番工夫才能爬上椅子練習。懸空的腳需要一個小板凳，我會把弟弟叫來，讓他躺在地上當我的踏墊。啟蒙時彈的曲子，如「小海狸」、「小蜜蜂」，弟弟也都倒背如流。

爸爸媽媽每次都會說，以後我要是成為音樂家，弟弟有一半的功勞。

不能違背的承諾

學鋼琴沒多久，正好遇到幼稚園開辦小提琴團體課，我興沖沖地要求媽媽讓我加入，因為如果可以拿著小提琴盒，在校園裡走來走去，那就太酷了。

沒想到不過一年光景，上台表演完「小星星變奏曲」，我又苦苦哀求媽媽「不要再讓我拉琴了。」因為小提

琴得用脖子夾著，非常不舒服。我認真地跟媽媽分析，可能我多一塊骨頭，比別的小朋友來得痛……總之，我就是不想再學了。

「虹文媽媽，你這樣不行，太寵小孩子了。世界上沒有一個小孩子愛練習，不能任由他們作主……」

「老師，沒關係，我們就先停掉小提琴課吧。」

聽到媽媽的回答，我心裡頓時鬆了一大口氣。太好了，總算可以不用練小提琴了。不過，媽媽和我約法三章，假如放棄小提琴，就必須更勤快、更專心地練好鋼琴。我滿口答應，心想，只要先把小提琴送出家門，其他的再想辦法就好了。可惜，這次我踢到鐵板 —— 鋼琴太大了，很難送出家門。

仔細想想，在處理「小提琴危機事件」上，媽媽有她獨到的智慧。媽媽願意聆聽我的想法和聲音，不以老師的勸說為優先，贏得了我們母女間的互相信任，也讓我「親口」承諾要好好練鋼琴。每次我想要賴不彈琴，媽媽總說，「你當初自己答應，就不能後悔。」讓我頓時啞口無言，只有乖乖去練琴，也讓我之後不管學習鋼琴、念音樂班的過程再苦，也義無反顧地勇往向前。

考進音樂班

小學二年級，鋼琴老師鼓勵我去報考音樂班。每天都要媽媽三催四請才練琴的我，竟然跌破眾人眼鏡，考進信義國小音樂班。

接到成績單，爸爸媽媽臉上既欣喜又焦慮，欣喜的是總算考上了，焦慮的是成績並不理想。我搶過成績單一看，聽寫和音樂性向測驗都非常優異，但是鋼琴分數奇低無比。入學後才知道，我的鋼琴成績是敬陪末座。

無論如何，能考進音樂班還是令我非常快活，蹦蹦跳跳進入第一次學生家長座談會場。座談會上，每個學生必須加選第二主修的樂器。因為我個頭高，手長腳長，老師及其他家長們一直遊說我選擇冷門的低音大提琴。可是爸爸的小轎車裝不了低音大提琴，媽媽說：「我們家不想買載卡多。」所以我挑選了大提琴。

當時，我的心裡暗自得意，「大提琴家可以坐著練琴，小提琴家得一直站著。當年不學小提琴還真是有先見之明，押寶押對了。」後來發現，四處旅行表演，大提琴並不如小提琴容易攜帶。唉，人算果然不如天算。

音樂殿堂的門外漢

音樂班的同學裡，有人三歲就會聽歌劇。當時的我連
CD是什麼都不知道，生平第一張CD是柯特爾比的
「波斯市場」，那是音樂欣賞蔡添進老師課堂上教的。
當時，我最愛的藝術家不是小提琴家海非茲（Jasha
Heifetz）、大提琴家杜普蕾（Jackie Du Pre）或是鋼琴
家霍羅威茨（Vladimir Samoylovich Horowitz），而是每
天陪奶奶看的歌仔戲主角楊麗花。

第一年，三十個高雄市的小音樂人齊聚一堂，每天的
練習都讓我感受到無比的壓力。初學大提琴的我，拉
起琴來直逼殺雞宰牛般的刺耳；鋼琴指法、力道，在
上音樂班之後都必須全盤修正。

雖然小時候也上過才藝班，但是跟這群特別提早準備
考進音樂班、排名在我之前的同學們相比，我所受過
的訓練真是不值一提。我還曾經三度被當年的音樂名
師拒於門外，沒有人願意教平凡沒有天分的學生。

媽媽看我遇到瓶頸，為了激勵我，特別買了一本敘述
台灣鋼琴小神童到茱莉亞音樂學院當小留學生的心路
歷程、宋淑萍教授寫的《媽咪與貓咪》。我很快就看
完，對主人翁每天練琴十一小時的毅力尤其感觸深

刻。雖然我知道自己不是神童，但是她可以做到十一小時，我也可以試試看十一個小時的四分之一。

在音樂班裡，我認真學習從前沒有接觸過的韻律課、系統式聽寫、視唱、和聲、節奏、音樂欣賞，還有樂團課程，成為名副其實的「小小音樂人」。此外，我也漸漸能夠自動自發，找到練琴的樂趣，不再讓媽媽操心。

我對書中就讀茱莉亞音樂院的小主人翁的堅強難以忘懷，心中暗自佩服她從小學五、六年級就自己住在紐約這個全然陌生的地方。九歲的我不敢嘗試離開父母，也知道父母親無法負擔高昂的學費和生活費。爸爸問我羨不羨慕時，我想都不敢想。只要能在台灣把琴學好，浸淫在悠揚的音樂世界裡，即使無法達到如書中主角國際級的水準，我就心滿意足了。

22
chapter

斷指事件

● ● ●

十歲時，我的音樂之路差一點嘎然而止 —— 我永遠忘不了小學四年級那個下午。

平靜的午後，第二節美勞課，我們正在廢物利用，將竹筷做成工藝品。我小心翼翼照著步驟，用昨晚媽媽幫我買的新美工刀將竹筷縱向對切，卻一個不小心，啪一聲，竹筷倒地，美工刀順勢切進我的左手食指第一節，刀口染紅。

我嚇傻了，不感覺疼，也不懂得哭。只聽到坐在我前

斷指事件 171

面的同學驚聲尖叫，全班同學都轉過頭來看著我，紅色鮮血涔涔而下，濺在課桌椅子上。嚇壞了的老師拉著我，衝到學校對面的醫院急診。診斷結果，我的左手食指韌帶被割斷，必須緊急開刀接合。

好不容易，手術順利結束。醫生對著爸爸和老師說，再深一點就會切到骨頭，幸運的話，或許還有機會可以再彈琴。回到學校，媽媽含著眼淚站在門口，等著接我回家。

失去，讓我更懂珍惜

從小媽媽就叮嚀我，學音樂的孩子，手一定要保護好，連籃球，排球都不能打，現在卻發生這個意外。整整兩個月，媽媽一放學就飛奔到學校，載我到長庚醫院，每天按時做一小時復健，包括按摩、扳指、關節運動，希望手指可以百分之百恢復功能。

因為手指上了石膏，外面套上金屬套，動彈不得，弟弟為了逗我開心，逢人就說，姊姊有「無敵金鋼指」。我無法練琴，錯過了鋼琴和大提琴的期末考試，連同學都私下問我說：「聽說你再也不能拉琴了，你會轉學嗎？」雖然是關心的詢問，卻成為我最沉重的負擔。

也許失去才懂得珍惜。好一陣子不能練琴，到後來實在太想念鋼琴的聲音，我因陋就簡發明了「九指神功」的彈奏方法。所有指頭在琴鍵上飛快移動，但是左手食指卻卡著動彈不得，為此我把所有的指法重新改寫。

再一次重新學琴

這半年無法隨心所欲拉琴彈奏的日子，讓我想起音樂家羅伯特‧舒曼（Robert Alexander Schumann）。他的手曾經受傷荒廢過，導致終生無法再演奏自己寫的曲目。那種身體上的痛苦和心靈的折磨，對一個音樂家來說是多麼難以承受。

斷指事件讓我察覺到，原來自己如此渴望能夠演出、渴望彈奏樂器。特別是看到其他小朋友期末考的拉琴演出，我笨重的金鋼手指還是會情不自禁地想靠近鍵盤和樂器。我跟爸媽說，如果可以康復，我一定會更加用功。

荒廢了半年，我的鋼琴進度嚴重落後其他同學，大提琴更是忘得一乾二淨。爸爸媽媽打定主意，復健成功後，為了避免讓我韌帶斷過的手指頭二次受傷，同時追趕上進度，他們要不計成本、不惜一切，帶我拜台師大的大提琴教授為師。老師每週親自從台北下來高

雄一次，只教兩天，所以我們得盡力配合老師的時間。

新老師的收費是原本老師的兩倍，但爸媽認為，再一次重新學琴，就要跟最好的老師學習。學琴不光只是學技巧，音樂背後的氣質與涵養更重要，新的老師能讓他們放心。

「塞翁失馬，焉知非福」，斷指事件在事後看來確是我音樂學習的轉捩點 —— 這場意外讓我確定自己對音樂的熱情。我怎麼也不願讓斷過的指頭和落後的進度，抹滅我成為音樂人的希冀。手指斷掉可以復原，但是企圖心喪失就再也不回來了。我要更加油，演奏出動人的音樂。

因為這份決心，之後我開始在大大小小小的比賽中過關斬將，最後踏上出國習樂的道路。

在音樂比賽中嶄露頭角

把石膏拆下，左手食指再一次碰觸到象牙琴鍵、大提琴弦，麻麻的悸動讓我久久說不出話來。終於又可以擁有十根指頭了，失而復得，心中是無法言喻的喜悅。

醫生說，雖然我的食指終生不能完全直立，但是不會影響到彈琴拉琴，也算不幸中的大幸。

過去每次上課，被鋼琴老師、大提琴老師批評得體無完膚的我，在斷指事件後，再辛苦的練習也甘之如飴。每天在校門口等媽媽來接我之前，我就會把學校功課完成，這樣回家後至少有四個小時的練琴時間，專心追趕進度。

老師們的用心指導，加上爸媽的辛苦接送，我在小學六年級嶄露頭角，贏得高雄市鋼琴和大提琴的冠軍，準備代表高雄參與全國音樂競賽。這對我來說，意義重大。不過一年前，我曾經在同樣的比賽中輸得慘兮兮。看著同學上台領獎、接受老師的讚揚，我卻榜上無名，抱著大提琴，躲在媽媽的車裡號啕大哭。

一年後捲土重來，鋼琴指定曲是巴哈、貝多芬，還有現代曲目，大提琴則是自選曲。得到高雄市大賽的肯定，接著要到全國賽場跟國內的好手互相切磋，一爭高下。

跌倒要自己爬起來

全國總決賽在台中舉行，我們一路開車北上。看到來自北部、中部、南部各個胸有成竹的音樂高手齊聚一堂，我的心砰砰一直跳著。想不到鋼琴項目又抽到籤王：一號，必須第一個上台。

通常第一個表演者很不討好，除非我彈得好到讓裁判印象深刻；否則，裁判在聽了後面幾十個演奏後，早把我晾在一旁了。

前一年比賽失利，主要就是因為抽到一號，心理沒有準備，因此演奏荒腔走板。那一次跌倒的痛，下台後周遭同情的眼神，我到現在還沒有忘記。這一次好不容易熬到決賽，難道又要因為抽到一號而中箭落馬？我的手不受控制地發抖，比賽場地的空氣彷彿瞬間降到零下的溫度。

到了該上台的時候，爸爸靜靜地緊握著我一雙手。我抬頭直視著爸爸堅定的眼神，他的力量似乎能化解我所有的恐懼。爸爸對我說，「從哪裡跌倒，就從哪裡站起來。老天爺再次給你一號，冥冥中就是要你從相同的地方站起來。」

這句話，就像一顆定心丸，把我慌張的心穩定下來。我走上台，心中一片空明，只想著指定曲貝多芬美妙絕倫的音樂。所有的雜音、負面的情緒，都被拋到腦後。

曲目演奏完下台的時候，渾然忘我，全身舒暢，事後爸爸說，他觀察到裁判聽我演奏時的眼神，除了專注

之外還透著驚奇與激賞。

但是比賽還沒結束，不能鬆懈。比完鋼琴，馬上趕到大提琴比賽現場。我擔心，拿的大提琴是廉價琴，琴頸曾經被我摔斷重修過，不知道音色會不會被其他競賽者的好琴比下去？然而，此時此刻也只能「盡人事，聽天命」。

獲得雙料第三名

等待公布名次的時刻，我懷著無限期盼；轉頭握媽媽的手，媽媽的身體竟也微微顫抖著。

好久好久，優等名單中都沒有我的名字。正當我急急走向門外，眼淚如珍珠斷線般再也停不住時，竟然聽到「尤虹文」。我同時拿下全國兒童組鋼琴和大提琴的雙料第三名，爸爸、媽媽喜出望外，伴奏老師也露出不負所託般的欣慰表情。

我做到了！小學四年，我從懵懂無知的音樂門外漢到贏得全國比賽；從斷指後沒有人看好到繼續彈琴、揚眉吐氣，用雙樣樂器證明了自己的能力與努力。

小小心靈，充斥著孩子氣的志得意滿。殊不知，「人外有人，天外有天」，我的音樂旅程，才剛開始起跑。

< 爸爸的一封家書

虹文：

宋朝大文豪蘇東坡曾得意地撰詩一首：「稽首天中天，毫光照大千，八風吹不動，端坐紫金蓮。」寫完立刻送給對江的好友佛印禪師，禪師讀罷，於詩後批：「放屁」二字送回。蘇東坡勃然大怒，渡江興師問罪，誰知佛印禪師早已大門深鎖，出遊去了，只在門板上貼了一副對聯，上面寫著：「八風吹不動，一屁打過江。」蘇東坡從此得悟。

一次的挫敗也是一次的淬煉，更是一次的脫胎換骨與成長。爸爸很高興你能很快地從灰燼中又站了起來；記得上台前，爸爸就告訴你，從什麼地方跌倒，就從什麼地方站起來。這次陰錯陽差又抽中一號，爸爸心存感謝，感謝上蒼刻意安排虹文回到跌倒的地方，讓虹文有機會檢驗自己能否真正站起來。比賽結果，代表你已經站了起來，克服了陰影。

爸媽常用華裔網球名將張德培的例子鼓勵你，無非是要你眼光放遠。人生是一長串的起與伏、得與失、苦與樂，重點在於你如何從中發掘自己的潛能、提升自己的境界，轉化得失，享受過程中的喜悅。這就是盡

人事。至於勝負，交給上帝去傷腦筋，這是聽天命，向為智者所取，因為宇宙唯一不變的真理就是 ──勝負無常。無論輸贏，爸媽永遠站在你這一邊，永遠做你的提琴手。

父字

23
chapter

那些爸媽教我的事

● ● ●

我的父母看似平凡，卻有著不同於多數父母的教養態度。他們踐行孔老夫子「狂者狷之，狷者狂之」的做法，雖然有期望，但從來不會對我過度苛求，而是從小採取誘發與引導的方式，來達成讓我們學習的目的。

他們會把希望我們看的書，刻意放在我和弟弟進房間的必經之處，讓我們不經意地看到並讀完，也會在餐桌上聊著時事，引導我們加入討論，澆灌他們的理念。我喜歡說，他們是隱形的「狼爸虎媽」，父母的教養態度，深深影響我的人生觀。

原來，人生要自己做決定

記得幼稚園畢業前夕，全校在高雄澄清湖舉辦「畢業露營」。所有小朋友都躍躍欲試，我卻提不起勁來。老師、園長全部出馬相勸，很奇怪為什麼露營這麼好玩，而我卻不願意報名。

爸爸媽媽不著急，坐下來好好聽我解釋。我把顧慮說出口：「我很想跟大家一起玩，但是我怕露營黑黑的會有蚊子。而且老實說，晚上睡自己的床才舒服。」

他們看我振振有詞，也不逼我，只說：「那麼，你自己的事，你做決定吧。」最後，我和老師父母達成協議：我去露營，但是如果晚上害怕，我就要回家睡，隔天再繼續參加活動。結果，我當然是玩得不亦樂乎，把回家這檔事拋到九霄雲外去，結束時被爸媽拖著回家。

這件事，讓當時才六歲的我上了一課：我是獨立的個體，我的人生，可以自己做決定。

善用時間

幼稚園畢業的暑假，媽媽必須北上兩個月，參加教師暑期進修。媽媽擔心我們在家會玩瘋了，但又希望我

能善用時間、自動自發，於是設計了一張詳細的每日作息表：九點到十點要讀《小牛頓》或科學叢書，十點到十一點聽作文錄音帶，中午吃飯，一點睡午覺，兩點看《吳姊姊講歷史故事》，三點練琴，四點看《十萬個為什麼》和《兒童百科全書》，五點翻閱世界近代名畫，六點爸爸應該就回家了。

媽媽知道我喜歡完成活動後打勾勾的感覺，於是鼓勵我，只要我完成一項活動，就可以在旁邊的小格子打勾，而且打愈多勾，就會有獎品。雖然媽媽安排的活動內容太緊湊，但我為了能打勾勾，認真完成每項活動。完成後我也很訝異，原來只要事先計劃好，可以做好很多事。媽媽回來的時候，看到作息表全部都做完了，每一格都打勾，非常地訝異，給了我一個大大的擁抱，獎品是帶我和弟弟到台北動物園和小叮噹科學園區玩。

電影「春風化雨」（Dead Poet's Society）裡，羅賓威廉斯飾演的英文老師告誡所有學生要把握每一分、每一刻，做好每一件事，因為生命稍縱即逝，必須如夏花之絢爛。（拉丁文「Carpe diem」，英文「Seize the day」）。當時我看完電影後打電話給媽媽說，拉丁文我是不會，但是把握生命、打勾勾的伎倆，我幼稚園就

很在行了。

努力，才值得驕傲

小學一年級的某天，放學回家我拉著媽媽報喜：「媽媽，我這次月考第一名，我很聰明對不對？」

「虹文，聰明不值得驕傲，努力才值得驕傲！你只是班級的第一名，跟全校、全高雄比，你第幾名？聰明的小孩，更要勤奮。莫札特雖然是音樂神童，但是他很努力作曲，對不對？所以我們才會認識他。」

這是我小時候，最常聽到的「故事」。媽媽小學早讀，在班上比人家小，又愛玩，但是她小學、國中仍然名列前茅，讓她變得很驕傲，以為自己很了不起。當了老師以後，媽媽才體悟到，雖然小聰明應付各種考試綽綽有餘，但是沒有下過苦功夫是不可能有真本事的。

媽媽怕我驕傲，不管我在學校表現多麼好，永遠不會稱讚我說：「好聰明！」最好的誇獎就是：「這是你努力的結果！」因為努力的小孩比聰明的小孩會走得更穩、更遠。

自己負責，並為他人著想

四年級我的手指斷了之後，大家都以為我們一定會責怪老師失職。爸爸媽媽卻不是那麼想。他們說，老師平常教學認真，自己的小孩上課時不小心切到手，自己要負責，不能因此而歸罪老師。事實上，老師早已非常歉疚不安，手術時全程陪伴。

「行有不得，反求諸己」，不僅是古人的明訓，也是父母的一貫行事作風。我們如果事情做不好，感到不如意，第一個要反省的人是自己，不是怨天尤人。

升上小學二年級，我愛上國語課，但是討厭自然課。因為自然課老師會對我們發脾氣，情緒激動時常常要打人，上課都照課本念，講解也不清晰。發講義給我們做，答案還會說錯。

我對老師不信任，連帶對自然科的興趣就慢慢遞減，上課心不在焉。爸媽看在眼裡，擔憂不已，耐心輔導我。

媽媽說，任何老師都有我們值得學習的地方，必須給予老師尊重。而且這位老師剛生小孩，帶小孩一定很累，所以我要學會設身處地為他人著想，體諒老師當媽媽兼當老師的辛勞。

我聽進媽媽的話，不再排斥自然課，認真聽講，自然課成績漸漸有了起色，還會主動跟同學一起幫忙老師收拾東西。我也跟幾個同學分享媽媽的話，老師看到我們對她的尊敬，心情好轉，上課的氣氛也改善了。

過程比結果重要

從小，家裡掛著一副「對聯」，上聯是「海納百川有容乃大」，下聯為「壁立千仞無欲則剛」。❶爸爸說，這是我們尤家的家訓。

年幼時，牆上的草書一個字也不認識。稍微大一點，爸爸會坐在餐桌前跟我們解釋家訓背後的含義。暗黃燈光下我和弟弟打鬧歸打鬧，爸爸要講道理前，清一清喉嚨、咳一咳，我們就必須安靜聆聽他的「哲學講座」。

爸爸諄諄教誨，希望我們能夠藉由家訓體悟，「凡事多包容，大處著眼，小處著手。要避免欲望無節，功名利祿視如雲煙，得之我幸，不得我命。如此，方能永保一顆充滿活力與衝勁的心。」另外，爸爸常掛在嘴

---

❶ 此幅對聯是清代明臣林則徐擔任兩廣總督，查禁鴉片時，在府衙寫的：「海納百川有容乃大，壁立千仞無欲則剛。」「有容，德乃大」出自《尚書·君陳》。「無欲則剛」出自《論語·公冶長》。

上的口頭禪：「過去不留。」希望我們能活在當下，活得精采，數十年如一日。

小學六年級時，我參加作文比賽獲得高雄市北區第一名，卻沒有在全國國語文競賽中獲得佳績。回到家，我躲在房間，懊惱萬分。媽媽捨不得我難過，爸爸卻什麼安慰的話都不說，只要我好好思考家訓。

我擦了擦眼淚，想著想著，逐漸釋懷。別人寫得比我好，要向他們學習；更要有度量恭喜他們得名，這才是「海納百川」。雖然沒有如願得獎，但是訓練期間得到高師大教授的特別指導，即使落榜也無損過程中的收穫。

假如我可以注重過程勝於結果，假如我能做到包容和無欲，那麼，我就能如同山一樣地剛強、如同海一樣地廣大。這是父母對我的期許。

一切抱持平常心

「爸爸，拜託！榜單貼出來了啦。」

「不行，我現在很忙，你自己要調適，不管有沒有考上，都要平常心面對。」

小學一年級的時候，老師推薦我報考國小資優班。從考完到放榜前的日子，我每天都急於知道有沒有錄取。因為我最要好的小學同學也一起報考，我希望明年還能跟她同班。

爸爸看我患得患失，總會提醒我，一定要「平常心」。放榜的那天，爸爸說他沒有時間去看榜，而學校又不提供電話查榜的服務，就讓我等到最後一刻。終於，上完書法課，爸爸慢條斯理地開著老爺車帶我去看榜單。

夕陽的餘暉中，我和弟弟蹦蹦跳跳地奔上前去，在玄關走廊找了又找，終於看到我的名字。我回頭搶著抱住爸爸，「我考上了！」想不到爸爸竟然一副老神在在的表情，微微一笑說，其實，他已經先來看過榜單，因為他想訓練我的耐心與平常心。

原來，爸爸這麼關心我，但是爸爸沒發現我也有個小祕密。

在書法班休息時間，有個資優班的大姊姊早上就來看過名單，在我還沒看到成績前就恭喜我了。不過，從小就秉持著求真態度的我，一定要親眼看到榜單才會放心啊。

一切「平常心」，這個態度從小用到大，讓我受益無窮。

我跟世界級大師同台表演之前，哈佛要好的同學問我，「你都不會緊張嗎？你不會懷疑自己還不夠優秀，不配跟世界上最知名的音樂家演奏嗎？」當時，心中竟然浮現家中掛的那副舊對聯，耳邊同時傳來爸爸平和的語調說著：「說大人，則藐之。一切平常心。」

我反問同學，為什麼要懷疑？不論身邊同台演出的是帕爾曼還是海非茲，我還是我，樂曲還是樂曲，聽眾還是聽眾。音樂廳人山人海或是小貓二、三隻，都不會改變我表演前所做的一切，以及身為演出者的態度。最大的場面，仍然用最平常的心來面對吧。同學聽了會心一笑，目送我愉快地登台。

這份「平常心」，使我面對任何演出、任何磨練，都能從容不迫地迎上前去。這是爸爸媽媽送給我的最有價值的禮物。

為什麼爸爸媽媽有此智慧？我想，是因為貧窮的家世使他們必須在困苦環境中自食其力，自我成長學習。在磨練中培養堅毅的個性，永遠抱持平常心，進而學會如何教育下一代子女。

24
chapter

英文，讓我與世界接軌

● ● ●

我的人生，經常被兩股不同的語言力量拉扯。

爸爸是道地台南人，奶奶連國語都不會說。中文是我的母語，台語是跟奶奶聊天的話，英文則是我和世界溝通的橋樑。從小學起，我就開始跟英文奮戰。

從小扎根

爸媽深知英文的重要，小學二年級時就特別安排我到家裡附近的教會，跟美籍老師每週學一次英文。當時，我一點也不懂，為什麼人在台灣卻要學英文、背

單字，於是一再反抗，讓媽媽追著我跑。還好，英文課裡有吃有喝，可以跟其他小朋友一起玩，我還是快快樂樂地去上課。只不過，左耳進、右耳出，一句都不會說。

小學二年級的農曆年前，爸媽不知哪來的靈感，突然問我：「虹文，今年過年我們請你的英文老師來家裡吃火鍋好嗎？英文老師隻身在台，過年的時候一定很寂寞。」

哇！一聽到爸爸的話，我「一個頭兩個大」。雖然很喜歡英文老師，但是每次上英文課我都超級不認真，老師又不會說中文，在爸爸媽媽面前，我不就洩底了？後來，我想到一個完美藉口：美國來的英文老師一定吃不慣我們的年菜吧。爸爸媽媽想想也對，決定作罷，我也鬆了口氣，沒有露出我的破英文。

ABC再來一次

升上小學三年級的暑假，父母終於發現我沒有認真學習，之前上英文課根本只是浪費錢。決定另覓新的英文學習環境，把我送進口碑不錯的英語補習班。

開班前，必須先做基本英文能力測驗。我誇下海口

說，「絕對沒問題。」爸爸媽媽也相信我應該能達到第二級或是第三級的程度。結果，看著白紙黑字的英文考卷，我頭皮發麻、直冒冷汗。明明似曾相識的單字，卻一個個都忘記是什麼意思，選擇題大半瞎猜，整整一個小時如坐針氈。

筆試完還要口試。除了「How are you?」「What is your name?」這種基本題，其他的我都有聽沒有懂。

揭曉的時刻來臨。英文測驗老師語重心長地說：「不好意思，雖然您的女兒好像之前有英文學習經驗，可是根據測驗結果，必須要從最初級重新上課。」我低著頭，不敢看媽媽的臉，心想，她恐怕七竅生煙、快要抓狂了吧。父母費心安排了小班制、美國老師親授的美式英文教育，想不到一年後竟是這般結果。我心裡愧疚，非常對不起爸媽的荷包。

雖然難掩失望之情，爸媽並沒有太責怪我，淡定地說，「重新上課，交學費，再次打好英文基礎也好。」因為他們心裡認為英文一定得學好，將來才能有競爭力與國際接軌。既然根基沒打好，重新再來總比將來大廈傾圮好。

我又從「A Apple、B Boy、C Candy、D Dog」的初級班

開始念起。沉睡已久的自尊心被這次的挫敗打醒，我的英文學習態度有了一百八十度的大轉變。為了感謝爸媽沒有責備，我更加認真進取，希望不久的將來可以讓爸爸媽媽看到成果。

從此，背單字再也不用父母盯。補習班作業簿上，原本我只會十個單字，漸漸變成二十個、五十個、一百個，即使是小小的進步也令我快樂半天。每週兩次、每次兩小時的英文課，成為我的新愛好。

出國看世界

只要有機會，爸爸媽媽都儘量讓我和弟弟練習英文，他們從來不會搶在前面，剝奪我們的練習機會。就這樣，一點一滴讓我有機會實用英文。

我們全家到香港旅遊，爸爸逼我跟旅館的清潔人員用簡單英文交涉要吹風機。雖然我會的字彙不多，還是盡力表達，對應得體，讓爸爸媽媽覺得這趟香港行值回票價。

升上小四的暑假，媽媽大手筆帶著我和弟弟到英國遊學一個月。這是我們三個人第一次搭飛機出國。爸爸因為要上班，只好留在台灣。他送我們到桃園機場之

後，在滂沱大雨下自己開車回高雄。他非常捨不得，心中納悶地質問，為什麼我們要去那麼遠，要去那麼久？媽媽的想法是，讓我們「泡」在全英文的環境裡一段時間，體驗「開口就得用英文」的處境。

這是我第一次扎扎實實親自體會到，原來，把英文學好這麼有用 —— 可以跟全世界溝通。

那一個月，在住宿家庭的後院，香氣瀰漫的一排排杉樹下，我和弟弟最喜歡蹲著跟隔壁家的小孩玩。他們一個九歲、一個七歲，碧藍的眼睛，白細的牙齒，說起話來有著濃濃的英國口音。我很想跟他們說話，跟他們學字正腔圓的英文，但我的字彙卻少得可憐，許多想要表達的意思怎麼也說不出口。

有一次，住宿媽媽煮了香甜的英國小馬鈴薯給我們當晚餐，我想跟住宿媽媽說下週可不可以再煮一次馬鈴薯，在廚房比手畫腳半天，卻把馬鈴薯（potato）說成番茄（tomato），結果吃了一頓番茄大餐，懊惱無比。

我們好不容易買到票去倫敦看音樂劇「歌劇魅影」，音樂動人，但每句對話歌詞都聽不懂，我還差點睡著了。住宿媽媽開玩笑直呼「真是浪費錢。」

在劍橋遊學班的英文老師教寫作文，我差點把頭皮都扯破了，還是擠不出來一行字。好不容易寫了白雪公主的故事，卻把「白雪公主」（snow white）寫成「白雪妻子」（snow wife），讓作文老師看得一頭霧水。

一個月的英國行，英文能力雖然提升不少，但自己深深知道還沒辦法和世界接軌，回到台灣後得對英文更加下功夫學習才是。

更上一層樓

升上小六，爸爸媽媽為我尋找進階的英文學習環境。媽媽的朋友推薦高雄當時最有名的「蘇老師英文班」。

英文班專收小六到高三的學生，一上七年，直到大學聯考。高中班裡幾乎都是雄中、雄女的學生，還有學生大學聯考英文成績拿下第一名。因此，進入蘇老師門下，必須通過嚴苛的筆試和口試。考試當天，可以說盛況空前，一大群小六生在炎熱的夏天應考。我不敢掉以輕心，仔細答好每一題，終於以高分順利進入蘇老師的英文班。

蘇老師不愧是補教名師，將文化巧妙融入英文學習中，讓語言成為一把開啟繁華世界的鑰匙。老師上課

風趣幽默，對英文有無盡的熱情，進而影響了學生。老師常常看到好文章就說，「你看，這英文，寫得多漂亮！」其驚歎，好像讀到蘇軾的〈留侯論〉還是諸葛孔明的〈出師表〉。

老師強調自然發音，也從來不加強校內月考或使用課本當教材，只注重我們的實力。她待過美國密蘇里州，時常分享美國的民情、小鎮生活、美國大學經驗，並用較為淺顯的美國文學、報章雜誌，當做補充教材。

老師曾經把美國歌手唐・麥克連（Don McLean）的「星夜」（Starry Starry Night）優美歌詞，拿來教我們英文。還把教室電燈全部關掉，讓我們在黑暗中聽歌，感受英文歌詞的震撼。多年以後，我在美國聽麥克連的演唱會時，腦中馬上想起第一次在黑暗的教室聽英文歌時，吉他和絃的迷人撥動。

台灣教出來的英文也不賴

國一、國二開始，老師會教文法、克漏字、背誦、演講、造句、閱讀等，也時常要大家寫短文上台發表，或寫讀書心得上台討論。我永遠不死背單字，全靠自然發音，用聽的、用看的、用聯想，就是不死背。

當英文慢慢進步，我試著讀原文的世界名著兒童版，像《小婦人》、《咆哮山莊》、《傲慢與偏見》等書，掀開翻譯的面紗，直接閱讀原作。除此之外，文學名著改編的電影更是學英文、訓練聽力、了解西方文化的法寶。

為了增進聽力，我循序漸進地聽兩個廣播節目：「大家說英語」（Lets' Talk in English）以及「實用空中美語文摘」（English Digest）。

沒有念過美國學校、沒有雙語學校的經驗，更缺乏全英語的環境，小學五年級以來，爸媽就不再過問我的英文功課。在台灣一路念公立學校的我，有的只是每週三小時的校外英文課。然而，我有幸遇到好老師，還有爸媽的支持，更重要的是，盡力把英語學好的態度，證明台灣孩子也能把英文學得非常道地。

＜ 我讀過的英文教材

書籍
《*Little Women Children's Edition*》
《*Nutcracker Ballet*》（ Please read to me ）
《*A Child's Book of Art*》 by Lucy Micklethwait
《*First book of Bible Stories*》
《*How Things Fly : A Pop-up Science Book*》
《*The Tao of Pooh*》 by Benjamin Hoff
《*The Miniature Mother Goose*》

廣播節目
「大家說英語」，適合小五、小六生
「實用空中美語文摘」，適合國中生

英文電影
「羅馬假期」The Roman Holiday
「真善美」The Sound of Music
「戰爭與和平」War and Peace
「清秀佳人」Anne of Green Gables
「亂世佳人」Gone with the Wind
「窈窕淑女」My Fair Lady
「美女與野獸」Beauty and the Beast（Disney
Version）

25
chapter

埋下追夢的種子

● ● ●

小學畢業，我考進高雄市的新興國中音樂班。踏進國中校園的第一天，看著一幢幢巍峨校舍，興奮得很。當時，怎麼也沒想到這會是我在台灣念的最後一所學校。國中三年，是我朝世界快跑、追夢的時期。

音樂班第一年，不負眾望，我奪下全國大提琴少年組第一名，旋即得到老師的欣賞，演出艱難的「舒曼大提琴協奏曲」。音樂會後，鋼琴老師跟大提琴老師主動向爸媽提出，「可不可能送孩子出國深造？」

這不是個容易回答的問題，我和父母花了很長時間細細思量。然而，在兩位恩師的引導下，追夢的種子在我的小小心靈裡生根發芽。

美國初體驗

國一的時候，大提琴老師陳哲民教授和美國的音樂夏令營合作，在堪薩斯州舉辦了為期三週的音樂營。這是我第一次跟國外同齡的音樂人切磋磨練，同時接受加州聖塔芭芭拉分校的大提琴教授魯科斯基（Geoffrey Rutkowski）指導，學到新的技巧和詮釋音樂的方法。

音樂營中最難調適、但最有意思的課程，就是組合室內樂，因為在台灣的小學音樂班還沒有類似經驗。我的鋼琴三重奏夥伴有曼哈頓音樂院先修班的史蒂芬妮，還有黑髮大眼墨西哥帥哥亞伯托（我們戲稱他為「阿拉丁」）。我們三人成了形影不離的好朋友，音樂營結束後還持續用簡單的英文通信長達一年之久。

多年以後，史蒂芬妮和我在哈佛的校園相逢——她跟我一樣成為哈佛的大學生；亞伯托住在紐約，和他的哥哥組成小提琴樂團。我們三人在茫茫人海中如戲劇般的重逢，人生，真是奇妙！

第一次出國遠行，剛開始時，年幼的我天天投幣打公用電話回家哭訴。當夏令營接近尾聲，我已經樂不思蜀，根本不想離開。這趟旅行還有一段令我至今難忘的小插曲：我們從桃園飛洛杉磯，再轉機到堪薩斯州。入關的時候，旅行社簽證處理出了差錯，導致美國移民官員誤會，對我們這群台灣來的外國孩子非常兇。我的英文程度日常生活溝通沒問題，但還不足以跟美國移民官員做交涉。被叫到旁邊走道等待的時候，我們全都嚇呆了。還好老師趕來，誤會解除，我們才安然過關。

雖然事過境遷，但我對當時手足無措，無法為同伴爭取任何權益的挫折和無助，耿耿於懷。我打定主意，回國後要將英文學得更加流利，不再因為語言的障礙而被人看不起、任人欺負。

二度訪美

國二寒假，鋼琴指導老師陳加恩特別撥冗帶領我參觀她的母校紐約茱莉亞音樂院，並且細心安排紐約的鋼琴及大提琴教授為我上課。我們住在皇后區法拉盛一位優秀的台灣李姓學姐家。每天，我勤奮練琴，準備和茱莉亞鋼琴教授主任馬丁・坎寧（Martin Canin）及

大提琴女教授扎拉・尼爾索娃（Zara Nelsova）的助教麥可・莫瑪金（Michael Mermagen）進修。

因為陳老師先抵達美國，沒有大人陪伴的我被長榮航空掛上一個小小的名牌，還特別安排空姐帶領我通關。抵達紐約已是當地晚上九點，氣溫零下，地上都是殘雪。穿著厚重的羽絨衣，等了一小時後，陳老師仍不見蹤影。原來老師記錯航班，正在另一個航空站枯等。

又怕又冷的我，強自鎮定下來，先搞清楚接駁車交通路線，總算輾轉找到台灣學姐家，不必夜宿機場或街頭。第二天，老師馬上趕到法拉盛，直喊真是太神奇了。

在紐約的兩個星期，我只想吃台灣菜；肚子餓時，什麼雄心壯志都沒了，只好逼著自己學會看菜單、叫外賣。第一次送來的雞腿飯好大一盤，省著吃大概可以讓我吃三頓，頭一次見識到了美國人的大食量。

踏進茱莉亞音樂院

第一次背著琴踏進林肯中心、走進茱莉亞音樂院大門的時候，我內心非常激動。音樂神童才有機會錄取就

讀的茱莉亞音樂院，竟然出現在我眼前，宛如夢中場景。更得意的是，自己稚嫩的琴音竟也能演奏給世界級的大師聽。

老師帶著我上電梯，一路上遇到幾位跟她同期的音樂家佇足點頭寒暄，我則靜靜站在一旁聆聽。在教室外面的長廊等教授時，我的腳一直發抖，手凍得像跌入萬丈冰窖。老師摟著我說，不要緊張，機會是留給準備好的孩子。

茱莉亞音樂院的鋼琴教授非常慈祥，我彈了自己最拿手的「蕭邦第一號G小調敘事曲」（Ballade）。他聽完後，問我願不願意來茱莉亞念預備部跟他學琴。大提琴教授和藹可親，鼓勵我嘗試不同的運弓方法來演奏「巴哈無伴奏第二號組曲」。上完課之後，我走在學校外面的百老匯大道，看著紐約的高樓大廈，聽著屬於紐約的城市脈動，一瞬間，世界在我的眼前、在我的腳下無限伸展，無限寬廣。

十四歲的我，第一次察覺到，自己有能耐、有力量展翅單飛。我渴望獨立，也渴望遨翔。

誰也沒想到，八年後，我會從哈佛畢業，放棄優渥的工作機會，再度背著大提琴，走向茱莉亞音樂院的大

門，踏進林肯中心。這一次重返紐約，是為了我的紐約協奏曲首演。

我的生命，因為音樂，畫了一個完美的圓圈。

26

chapter

從紐約到台灣

● ● ●

哈佛畢業後，我一直待在紐約。這三、四年來，有許多光鮮的表演榮耀、名家的舞台合作，以及幸運的報導佳評。我也從學子變成教學者，進而擁有非常珍貴的領悟體會，開始心繫教育。

而空中飛人的生活方式，在音樂會、音樂節、暑期實習、精進學業上奔波忙碌打轉，停留在台灣的時間從來不超過三星期。我一直以為，愈忙碌愈能夠忘記在太平洋彼端這一個美麗的小島；愈努力，就可以不再懸念故鄉，不再為鄉愁所困。直到有天，內心的聲音

再度慢慢響起。

不願表演的孩子

有一次，我的學生即將要舉辦學期獨奏會，對練習卻顯得意興闌珊。一週又過了一週，他的曲目總是毫無進展，急得我快跳腳。

獨奏會前的最後一堂課，他依然用漫不經心地態度拉奏。我實在忍無可忍，開始破口大罵：「你明明就要獨奏會了，為什麼還這麼不努力？你自己不加把勁，老師要怎麼幫你？」

平常看似堅強的他竟然開始哭泣，豆大的眼淚落在蒼白的臉龐上。我慌了，心想怎麼辦才好？他說：「我根本就不想辦獨奏會，我寧願不要拉琴，不要有這個表演機會。」

我好訝異，為什麼？他說：「我是住校生，其他學生的爸爸媽媽每次都親自來參加他們的獨奏會，但是我的媽媽要工作，永遠沒有辦法出席。所以我寧願不要勤奮練習，我不要表演。」

瞬間，我無地自容。一來，我竟然沒有好好探究學生不認真學習背後的理由。二來，我想起了自己的經

歷，在美國的大小演出，除了哈佛畢業典禮，哪一次有爸媽到場呢？

我看著他絕望的臉，竟然開始娓娓道出自己這一路獨立在美國奮鬥的故事。我告訴他，老師也曾經跟你一樣是外地住校生，因為音樂資賦優異，離開爸爸媽媽。老師了解你的心情，看到別人有爸爸媽媽來為他們加油打氣，心裡會刺刺的，有點難受。但是，我從來沒有因此不認真上課、不努力練習，反而更加認真拚命。知道嗎？老師真的相信你可以做到。

他淚水盈眶的大眼睛，第一次聚焦，全神貫注地看著我說話。我從他複雜的表情，閃亮的眼睛，看到了信任，看到一分被了解、被包容的感激。那一瞬間，我忽然好想好想茫茫汪洋的那一頭遠方，有家人在的故鄉。

一個星期後，我的學生上台演出，獨奏會無懈可擊。

紐約的感動

二〇一一年六月初，我應馬友友「絲路之旅」董事會邀請，在紐約市欣賞馬友友的演出。之前有幸跟馬友友先生合作，對於他走向教育界，和紐約市教育局合

作、積極推廣藝術教育的熱誠，非常感動。

馬友友先生創辦了為期一年的「絲路知識旅程」（Silk Road Connect），專門為紐約市區的貧苦孩子設立音樂藝術陶冶課程，由絲路之旅的音樂家駐校指導。這些小朋友在學校課程的訓練和薰陶下，創造出許多動人的絲路故事和歌舞表演。六月的演奏盛會正是過去一年來的成果發表，由馬友友本人親自為他們伴奏。

這位國際知名的音樂家不在乎個人光芒，只一心一意地做配角，為平常完全沒有機會接觸音樂的小朋友賣力演出。我目睹台上台下的孩子們、觀眾、家長、學校老師，因藝術而熱情洋溢，因創造而神采飛揚。

當下，除了佩服馬友友和絲路之旅團隊，心中竟勾起了一股淡淡的惆悵。紐約的孩子何其有幸，可以得到國際級的名家教導。在課後、在校外，這位音樂家兼教育者不遺餘力地為藝術播種，讓這群幸福的孩子有機會在中央公園的夏日舞台上，發揮他們的創作。

馬友友的「絲路知識旅程」不是要訓練古典音樂的菁英，也不是為了培養考試第一的孩子，只是為了讓紐約最底層的小朋友也有機會接觸藝術、體驗創作之美，鼓勵他們說出自己的故事，表達他們自己的思維。

這些孩子之前的人生或許黯淡，或許苦悶，但是馬友友激勵他們，給他們想像、表演、做夢的機會，告訴他們，「Yes They Can！」那台灣的孩子呢？身為台灣人，同為表演創作者和哈佛畢業生的我，可以為台灣做些什麼？我人在紐約，心卻不自主地沿著不同的絲路飛回台灣。

「絲路知識旅程」發表會結束的那一剎那，眼角的淚水不停滑落，深藏在心中多年的封緊的罐子翻了、碎了。我和台灣密不可分的情感，在內心深處波動蕩漾。台灣是我從小到大成長的土地，是我最親愛的家，我愛這片土地的心，原來，從未因為時光的流逝或空間的距離而改變。

重回家鄉的土地

從紐約起飛回台灣的旅程，我抬頭望著吹不皺的藍天。人生的旅程展開，有唱不停的歡樂、數不清的癡愚，但是我知道，無論何時，下飛機出關的那一刻，總有爸爸、媽媽和弟弟，站在那裡，展開雙臂迎接我，回家的大門永遠為我打開。我等了好久才知道，世界上最亮、最溫暖的燈火，不在天涯海角，而在台灣，在我的心裡。

二〇一一年底回到台灣，我有幸拜訪台東、苗栗和屏東的山地鄉。沒有創造一系列課程，也不如馬友友「絲路之旅」和紐約教育局合作之規模龐大，只是希望透過音樂和當地的孩子連結。

好久好久，沒有如此深刻地踏在台灣土地上，看著太平洋的壯闊，聆聽夜闌人靜星子的呢喃。

旅程中，我看到台灣有這麼多理想、這麼多創新。老師義務負起教育的重擔，還有許多做事不為人知的台灣人在偏遠地區的深耕，將大我付諸實現。

經由公益平台和均一中小學的引薦，我來到了台東書屋。孩子演奏樂器給我聽之後，我們一起唱歌。不知道為什麼，那一天晚上，我覺得他們的童稚歌聲比任何林肯中心的音樂演出還來得真摯動人。

有個小女孩，從頭到尾都緊緊依著我。她有一雙會說話的明澈眼睛，對音樂的敏銳度令人難以忘懷。聽表演聽得出神時，完全忘記吃飯。我離開的時候，她偷偷附耳跟我和另一位老師說，她好想好想當音樂老師。

我不知道，她未來的路會需要多大的勇氣和執著；我不知道，她想當鋼琴老師的夢想會不會跟我從台灣到

美國的求學夢，一般艱辛。但是，我希望可以輕輕地告訴她，我也好想好想幫助她，陪她走這麼一段人生追夢的路途。

後記

● ● ●

美國名作家法蘭克‧麥考特（Frank McCourt），一九九七年普立茲獎得主，六十五歲才完成《安琪拉的灰燼》（*Angela's Ashes*）。麥考特費盡一生歲月構思這本描述他童年的名作，出版時間相隔書中歲月已有四十五年之久。

有一次，一群文學評論家請教他：「什麼事情，讓您在那麼長的時間都沒有辦法下筆呢？之前為什麼不早一點完成這本書？」

長住紐約的麥考特用他依舊濃重的愛爾蘭口音回答：「因為，之前的我，還沒有從過去的回憶復原。」

麥考特先生，你復原了嗎？

＊　　＊　　＊

十一年來，我幾乎不用中文。我試著遺忘奶奶的笑聲、高雄冬天的溫暖、台東的第一道曙光，還有台灣的家。

我不想、也不願意從過去的回憶復原；更不可能分享那段「如人飲水，冷暖自知」的故事。我的過去屬於我，沒有人會理解。當我終於動心，想寫這本書時，我有好多疑問：

如果我用中文寫書，我能重新了解這片土地，釐清我對台灣的感情嗎？我的故事，有沒有一點點可能，帶給其他台灣的孩子啟發和鼓勵？如果我可以重新瀏覽離開台灣後的日子，這其中的點點滴滴，那麼，台灣的家人會不會因此體會我自己一個人在冰天雪地度過的那些年、月、日？

我期望藉由這本書找到答案；更希望透過我的經驗談，透過東西文化差異和教育理念的探討，能夠為這片土地、這個小島上的孩子，貢獻一點點微薄的力量。

於是，我開始賣命地寫。

＊　　＊　　＊

生命沒有辦法回頭。這不是回顧展，只是十幾年前支

離破碎的回憶中，驀然回首的驚鴻一瞥。

離開那麼久，要返家是惶恐的。但是，世界上再也沒有一個地方，比奶奶、爸爸、媽媽、弟弟跟我曾經生活在一起的家更合適，讓我將出國的心路歷程寫成紀錄，用文字為過去做交代。

寫書，讓我披荊斬棘，回到最初在美國、上哈佛前的年少歲月；寫書，讓我在記憶中復原；寫書，讓我重新找到一條回家的路。第一次，音符無法表達的，竟然由中文文字遞補了。藉由文字，我讓美國的世界和台灣的世界交集，也讓我的過去和未來連結。

爸爸媽媽看完我的初稿，欣慰地說：真感謝我們有這個機會再一次真正陪你走過那些年，一個人在國外辛苦打拚的日子。

我好幸運，也好感恩。感謝這一路上陪伴我，跌倒，又站起來，跌倒，又站起來的人。謝謝你們，不曾懷疑我。謝謝你們，從未放棄我。

＊　　＊　　＊

這不是一本教你一飛沖天，麻雀變鳳凰的書，只是一個平凡女孩如何面對挫折、實現夢想的故事。

如果可以，我希望這本書，可以當一本在你跌倒又必須站起來時，一直陪在你身邊的書；一本當你最孤單的時候會拿起來的書。我希望這本書走過的路，可以成為你點亮前頭的一盞小燈。我希望這本書，可以守護著你希望追夢、學習才藝的小小心靈；可以捍衛著你離家或在異地可能承受的委屈和不自在。我希望這本書，可以教你不要懷疑自己，教你看到自己內在與生俱來的潛能；不要忘記，自助者天助。

不是相信你所有的美夢一定會馬上成真，而是相信你擁有實現生命的堅強和扭轉人生的勇氣。

希望這本書，能讓你一次又一次在命運轉彎的時刻做出挑戰自己的決定，無論你是在台灣的土地或世界的某處，都能朝著前方的不可知，持續邁進！

國家圖書館出版品預行編目(CIP)資料

為夢想單飛：一個台灣女生上哈佛的成長故事／尤虹
文著. -- 第一版. -- 臺北市：遠見天下文化, 2012.06
　　面；　　公分. -- (親子生活；GF029)
　ISBN 978-986-216-977-3(平裝)

1. 尤虹文　2. 傳記　3. 成功法

177.2　　　　　　　　　　　　　　101011725

閱讀天下文化，傳播進步觀念。

- 書店通路 —— 歡迎至各大書店 · 網路書店選購天下文化叢書。

- 團體訂購 —— 企業機關、學校團體訂購書籍，另享優惠或特製版本服務。
  請洽讀者服務專線 02-2662-0012 或 02-2517-3688＊904 由專人為您服務。

- 讀家官網 —— 天下文化書坊
  天下文化書坊網站，提供最新出版書籍介紹、作者訪談、講堂活動、書摘簡報及精彩影音
  剪輯等，最即時、最完整的書籍資訊服務。
  www.bookzone.com.tw

- 閱讀社群 —— 天下遠見讀書俱樂部
  全國首創最大 VIP 閱讀社群，由主編為您精選推薦書籍，可參加新書導讀及多元演講活
  動，並提供優先選領書籍特殊版或作者簽名版服務。
  RS.bookzone.com.tw

- 專屬書店 ——「93巷 · 人文空間」
  文人匯聚的新地標，在商業大樓林立中，獨樹一格空間，提供閱讀、餐飲、課程講座、
  場地出租等服務。
  地址：台北市松江路93巷2號1樓　電話：02-2509-5085
  CAFE.bookzone.com.tw

親子生活 BGF029A

為夢想單飛
一個台灣女生
上哈佛的成長故事

作者／尤虹文
封面照片攝影／許培鴻
封底照片攝影／陳若軒
事業群發行人／CEO／總編輯／王力行
資深行政副總編輯／吳佩穎
責任編輯／王慧雲（特約）
內文照片提供／尤虹文
封面暨內頁設計／林秦華

出版者／遠見天下文化出版股份有限公司
創辦人／高希均·王力行
遠見·天下文化·事業群 董事長／高希均
事業群發行人／CEO／王力行
天下文化社長／總經理／林天來
國際事務開發部兼版權中心總監／潘欣
法律顧問／理律法律事務所陳長文律師　著作權顧問／魏啟翔律師
社址／台北市104松江路93巷1號2樓
讀者服務專線／（02）2662-0012 傳真／（02）2662-0007 2662-0009
電子信箱／cwpc@cwgv.com.tw
直接郵撥帳號／1326703-6號 遠見天下文化出版股份有限公司

電腦排版／立全電腦印前排版有限公司
製版廠／東豪印刷事業有限公司
印刷廠／中康彩色印刷事業股份有限公司
裝訂廠／中原造像股份有限公司
登記證／局版台業字第2517號
總經銷／大和書報圖書股份有限公司　電話／（02）8990-2588
出版日期／2019年6月3日第二版第1次印行
定價／300元
4713510946268
書號：BGF029A
※本書如有缺頁、破損、裝訂錯誤，請寄回本公司調換。

天下文化
Believe in Reading